サマ

三四郎 相田周二

SANSHIRO AIDA SHUJI

S A M A

はじめに

まずはじめに、この本がどんな本なのかってのを、みんなに説明しようと思う。

みんなさ、人それぞれ自分の中にカッケーって思ってることってあるじゃん? ルールだよな。

どうやったら、物やスタイルや行動をどう選んだら、自分はカッケーって思うのか。


この本は俺が思うカッケールールをまとめた本。

俺のカッケーと思う定義を全てさらけ出した本だよ。


でね、ここ重要なんだけど、「俺にとってはこの定義がカッケー」って思ってるだけで、みんなの各々のルールに意見するつもりでこの本を書いたわけじゃない。

そう、できればみんなには、それぞれのカッケー定義を貫いてほしいんだよ。だって自分の意思を貫くってカッケーじゃん？　だから俺も貫いてるわけで。

軽く参考程度に見てほしいんだわ。自分の芯の部分だから、ちょっとこっ恥ずかしい気持ちもあんだけどね。


でね、俺は普通に本が出せると思ってたんだけどさ、編集の人がなんか不可思議な提案してきてさ、「ＳＮＳに原稿を全文載せようと思ってるんですけど」って言ってきたのね？

マジで正気じゃなくない？　全部さらけ出して誰が買うの⁉　早くこの人つまみ出してくれ！　って最初思ってさ。でも続きを聞いたら、「ＳＮＳで本の一部を公開してアドバイスを求めるって、アメリカではポピュラーなスタイルなんですよ」って言うわけよ。

へぇ、そうなんだ、と思ったけど、じゃあなんで日本で流行ってないの？　そのスタイルは受け入れられてないってことなんじゃないの？　なんでそのスタイルを初めて取り入れるのが俺なの？　そもそもアメリカだって、本の一部を公開するだけだよね？　俺、全文公開してんだけど？　え？　成立するの本当に？　って無数の疑問が降りてきたから、改めてこの人をつまみ出して欲しかったんだけどさ、よく考えたら新たな試みってカッケーじゃん。普通に本出すより、何か挑戦的なもん作りたいじゃんって思ってさ。

それを編集の人が意図していたかはさておき、前代未聞のスタイルで進行していったわけよ、この本は。

でさ、ＳＮＳで俺が書いた原稿を公開して、それに対して読者がアドバイスではなくツッコミを入れてきて、やっと出来上がったのがこのカッケー本。

うん、俺はおもしれーと思うんだ！　ただ、これが受け入れられるのかまだ正直不安なところもあんだよなー。

でもね、ありがたいことに、たくさんツッコミをいただいて、元の文章よりもかなり、笑いの部分が増幅されてるはずだし、みんなで作り上げた感はすごいあんだよ。だからまあ、とりあえず本文を早く見てほしいんだけどね。
いや、その前にみんな、表紙の帯見た？　やばくねーか？　Creepy NutsのR-指定、テレビ東京の佐久間宣行さん、そして飯島直子さんって並び。ありがてーなー。

R-指定はみなさんご存知、日本一のラッパーだよね。ハンパなくカッケーよ。同じニッポン放送でオールナイトニッポン0をやってて、局のイベントで大体一緒になる「いつメン」ですね。個人的に仲良くさせてもらってて、ご飯とかもよく行くんだけど、酒が飲めないからどの料理にでもコーラを合わせるというイカれっぷり。

とりあえずお前はジーマかスミノフ頼めといつも思うね。寿司にコーラ。蟹しゃぶにコーラ。「世の中の料理、結局コーラが1番合うんや」と謎理論を展開させてくる人。あと全然道ばたで気づかれない人。どんだけ気づかれないのかと思ってクラブに一緒に行ったこともあるんだけど、クラブでも気づかれない。入口の黒服にも気づかれない人。ただラップは日本一。

コレがいいんだよ。ここがRの可愛さ、愛嬌なんだよね。間違いなくカッケー仲間。

佐久間さんは、三四郎がほぼ初めてのテレビ出演になった番組『ゴッドタン』のプロデューサー。これに出れなかったら、多分まだ地下でお笑いやってんじゃねーかって俺は思ってるくらい、うちらからすれば恩師の位置にいる人。

今ももちろんお世話になってて、『青春高校3年C組』で一緒だし、佐久間さんは裏方なのになぜかオールナイトニッポン0やってるから、さっきも言ったけどオールナイトニッポンのイベントでたびたび一緒になる、「いつメン」の1人。

テレビだと大先輩だし、ラジオだとド後輩。で、恩師でもある。すごくややこしい人。ただ1人でなんでもやるし、最近だと「青春高校アイドル部」のMVとか撮って編集したり、監督もやんの⁉とか思うけど、フレキシブルに動けるって憧れる。バッキバキに仕事するカッケー大人だ。

でっ！ 飯島さんだよ！ みんなここが気になってんだよね？ いや実はさ、ラジオで話したけど、何年か前に一回、飯島さんとお酒を飲ませてもらったことがあってね。その日、俺は元ブリリアンのコージとカウンターでお寿司を食べてたんだけど、後からカウンターに4人くらいのお客さんが来て。

そのうちの1人が飯島さんだったのね。

で、ご挨拶をさせてもらって、うちらが先にお店を出ようとしたら、飯島さんに一杯ごちそうしていただいちゃってさ。これすごくない？

しかもその後、お店が閉まるからってみんなで店の外に出た時よ。

飯島さんが「もう2人は帰るの？ もう一軒いかない？」って言ったのね。「え？ 僕たちに言ってますよね？」って確認しちゃうぐらいには動揺してたんだけど、これ行かない人いなくねーか？

でさ、皆さん行くのかと思ってたら、飯島さん以外は帰るのね？ もう一軒行くメンツ、飯島さん・コージ・俺の3人だよ。かなりトリッキーな布陣でお洒落なバーに行ってさ、そっから朝まで3人プラス、後から合流したさっきのお寿司屋さんの大将の4人で飲んでさ。

数時間前まで初めましてだったわけなのに、あたりまえのように飯島さんがご馳走してくれて。「本当カッケーなこの人！」って思ったんだわ。

それから何回かそのお寿司屋さんで会って、少しだけお話しさせていただくんだけど、すげー気さくに話しかけてくれるんだよ。マジで勝手に「直子姐さん」と呼んでるくらいに尊敬してる人だね。

とまあ、そんな関係にも関わらずダメ元で帯コメントを依頼したら、まさかのオッケーをいただいちゃって……。ありがたすぎるよな。

連絡先聞くのを忘れたから、寿司屋の大将経由で御礼を伝えるしかないんだけどさ、いや、本当にありがとうございます。またお会いできる日を楽しみにしております。大将に取り次いでもらおう。

この3人に帯コメントを書いていただいたわけだけど、あらためてシビれるメンツすぎない？　こんなに書いて欲しかった人たちにすんなり快諾されて、逆に不安になってくるけどね……。

ところで由来を言い忘れてたんだけど、本書のタイトル『サマ』、みんなどう思う？

意味はね、いろいろあって。まずこの本は俺の「生き様」を表現してるでしょ。その「様」ね。それに、表紙なんかで撮り下ろした写真もさ、「サマになってる」し。ファンの「皆様」からツッコミをもらって完成する本なのも、もちろん由来です。カッケーよね。カッケーっしょ？

まあでもとにかく！
今のおれが存分に詰まってる超大作だと自負しているんで、みんなよろしく頼むな！

10月某日　執筆でこもってるホテルより。

相田周二

目次

CONTENTS

はじめに 002

巻頭スペシャル対談

木梨憲武×相田周二
カッケー憧れの先輩に聞く
どうしたらカッケーくなれますかね？ 015

Part.1
俺のカッケー部屋と、カッケー暮らし 023
シャワー用のタオル／パンイチスタイル／間接照明の最適解／扇風機を超回せ／カーテンはオーダー／最後は自分で決めます／わかんねーことは人に聞きます

Part.2
しゅーじまんのYouTubeスタイル 059
素材の味で勝負／ゲーム実況／醤油ベッタリは野暮／音楽はガチ／俺にしか撮れない動画／目に見える「モノ」

Part.3

カッケー遊びが俺を成功に導く

相田宅でボードゲーム／FANZA／ガキのころの憧れ／秘密基地を追い求める／スピーカー／マグロはサク買い

091

まさかの相方と特別対談

三四郎小宮が、相田の原稿にちょいツッコミ！

121

Part.4

俺の仕事の流儀？・まあそんなとこだね

127

ルーティーン／移動時間／
タクチケ／大食いファイター／
スーツを作るとき／
ずっとオンだし、ずっとオフ

Part.5

そろそろファッションの話をすっか

153

高い服買っとけ／
カッケー服と実績／
俺とデザイナーの真剣勝負／
着たい色を纏え

Part.6

カッケー仲間に囲まれてんだわ、俺　173

母ちゃんの飯／まわりもカッケーやつばかり／理想の家族

あとがき　188

スタイリング／新地真弥（Tatanca）
ヘアメイク／塩山千明

衣装協力／
D-VEC TOKYO（問：☎03-6712-6780）
Opticien Loyd（問：☎03-3423-0505）
三服屋（問：☎090-4147-9438）
小宮商店（問：☎03-3661-9064）
BLUE IN GREEN pr（問：☎03-6434-9929）
Trophy General Store（問：☎03-6805-1348）

撮影協力／Bar Plat（問：☎03-3296-3666）

巻頭SPECIAL対談

カッケー憧れの
先輩に聞く

「どうしたらカッケーく
なれますかね?」

木梨憲武×相田周二

KINASHI NORITAKE

AIDA SHUJI

「仕事ではなく趣味を極めれば？」

――「相田さん、『カッケー先輩』っていうと、まず最初にどなたを思い浮かべますか？」

本書発売が決まった直後、ワタクシ担当編集は、相田さんにこんな質問をぶつけました。本の企画で、相田さんの憧れのカッケー先輩と対談してもらおうと思ったからです。相田さんの口から飛び出したのは、ちょっとビッグネームすぎて引いちゃうくらいの方の名前でした。

「ノリさんですね。いやマジでカッケーんだよなぁ。憧れですよ、本当に」

ノリさん。とんねるず木梨憲武さん。無理だろ。対談なんてしてくれないよ。

ところが、木梨さんの所属事務所に連絡したところ、オッケーというまさかの言葉が返ってきたのです。いやぁ、木梨さん、やっぱカッケーわ。ありがとうございます。

あれよあれよとその日がやってきました。TBSラジオ「木梨の会。」に出演させていただいたあと、いよいよ対談です。さすがの相田さんも震えてい

るだろうなと思って顔をチラ見すると、謎の笑みを浮かべています。緊張しすぎて変になっちゃったの?

そしてついにその時が。対談テーマは「どうすればもっとカッケーくなれますかね?」。いよいよスタートです。いや、木梨さん想像以上に大きいなぁ。

木:対談って何、何を聞きたいのよ?

相:本を出すことになりまして……。

木:へえ、なんで出すの?

相:いやなんでって(笑)。その本の企画で、僕が思う「かっこいい大先輩」のノリさんにその極意を教えていただきたいなと思ったんです。

木:そうなの? それならウッチャンナンチャンのところ行けって話ですよ(笑)。まあいいや。

相:でも引き受けていただいて本当にありがとうございます。ノリさんって本当に多趣味ですよね。しかも歌も、演技もやっていて、そこがやっぱりカッコイイです。

木:でも全部あれだよ、番組のワンコーナーから始まってる趣味だから。ハマるとカメラが回ってないところでもそ

「俺がいま作ってる曲、聴く？」「生唄!?」

の趣味関係の仲間ができたりするし。

相：そうなんですね。仕事から始まってもちゃんとそれにハマって、色々な人たちと出会ってっていうのがやっぱりカッコイイです。

木：「これをやろう」って決まったらその筋のトップの人が来てくれたりするからね。波乗りやるってなったらプロサーファーが来てくれるから。そういう人たちがいると、また行きたいときにすぐに連絡がつくじゃない？ 俺はもう、直で電話しちゃうから。

相：スゴいですね（笑）。その感じにやっぱり憧れるんだよなぁ。ちなみに今は何にハマってるんですか？

木：毎日やってるのが、歌だね。色んなトップのアーティストにお願いしたら楽曲や詞を作ってくれたりして。

相：そうですよね。秋元康さんとか。

木：そうそう。で、スタジオに入ると「こんな曲なんだ」「ビジュアルはどうしようかな」とかさ、何もないところからでき上がってくる感覚。こんなに面白いことないよね。

相：でも本当、スゴい交友関係ですよね。秋元さんとかにさらっと「曲作ってください」なんて言えないですもん。それを作ってくれる秋元さんもカッコイイですし。僕も実はいろいろ始めてて、歌も出させてもらいました。

木：へー、どんな歌？ 聴かせてよ。

相：いやぁ、ちょっと……。

木：聴かせてよ。音源ないの？

相：いや今日はノリさんのお話をね、聞きたいので。えーっと。

（担当編集がスマホでしゅーじまんチャンネルの『Ｓｔａｎｄｂｙ』を流す。木梨さんは歌詞を観ながら聴き入る）

木：……なるほどこういう曲なんだ。いま言えることはね、全体的に気持ち悪いかな（一同爆笑）。

相：え、全体的にですか⁉

木：うん（笑）。サビで裏声使ったでしょ？ もう相当気持ち悪いね。でもどういうつもりで歌ってるのかが見えなくてイイ（笑）。ある意味カッコイイね。だって、かっこ悪いと思って歌ってないでしょ？

相：かっこ悪いつもりはないですよ！

木：気持ち悪いつもりはある？

「憧れの人たちで…でも写真はなくしました（笑）」

相：いやないですよ！　そんなつもりで歌う人いないですから！

木：だよね。そこがいい。本当に。ほら、相田はコンビとしてもそうだし、一人のときでも自分のやり方を見つけてる段階じゃない。動画にしてもラジオにしても、歌にしても。それに向かって突き進んでるのがカッコイイよ。

相：うーん、複雑な感情です（笑）。

木：「みんながやってるから」じゃなくて、裏声の使い方がわからないのに堂々とこれを作って配信しちゃうってのがいいよね。褒めてるからね？

相：ありがとうございます（笑）。

木：相田は自分が興味あるモノ、コトにちゃんと突入してるんだね。同じですよ、俺と。俺も興味があるものにしか行かないから。あ、いま作ってる曲、聴いてみる？　歌詞はまだ途中だけど。

相：え、いいんですか？　ヤバいな。

木：いいよいいよ。あれ、かかるかな？

（スタジオのスタッフさんがオケを流すと、なんと木梨さんが目の前で生歌を披露してくれました！）

相：すげえ……。夢みたいな時間。やっぱノリさんかっこ良すぎですよ。

木：イイ感じでしょ。どう、気持ち悪くなかった？

相：そんなわけないじゃないですか（笑）。気持ち悪いのは俺の曲……って、そっちも気持ち悪くないです（笑）。もう対談っていうか、俺らがシンプルにノリさんのかっこ良さに圧倒される場になってきましたね。

木：まあ何事もね、それていくんですよ。対談だって質問をそのとおり進めていっても面白くないじゃない。テレビもそう。台本があっても、それたほうがいい。俺らが台本を無視しても、「いいぞもっとやれ！」って言ってくれるスタッフばっかりだったしね。もうそれしかやってきてないから、いまだにボケとかツッコミとか、そういうシステムがない（笑）。

相：それスゴいですよね。やっぱとんねるずさん、すげぇなぁ。

木：三四郎はどうなの？ネタは。

相：2人ともボケもツッコミもやります。特にラジオではフレキシブルにやってますね。

木：そうなんだ。スゴいじゃない。アナタはもうすでにカッケーですよ！

相：いやいや、そんなことは……。

木：ところで相田は、親は？

相：元気です。父親は消息不明なんですけど。

木：何それ、そうなの？ じゃあ俺の番組で探そうよ！

――ここから、木梨さんが出演している番組で相田さんのお父さんを探そうという話が延々と続きました。さすが木梨さん！ 最高にカッコイイ「話のそれ」本当にありがとうございました！

憧れのノリさんとお話させてもらって、本当の本当に幸せでした。ノリさんが目の前にいて言葉を発しているという状況だけを見ても、やっぱり「カッケーすぎ」な大先輩でした。小さい頃にハワイでとんねるずさんを見かけて、写真を撮っていただいたことを鮮明に思い出しました。あと、うちの父親を探してくれるっていう話、目をキラキラさせながら話してくださってありがたかったですが、いちおう遠慮させていただきます（笑）。

木梨憲武 PROFILE

1962年、東京生まれ。1982年『お笑いスター誕生』で10週勝ち抜きグランプリを獲得。お笑いコンビ「とんねるず」として一気にブレイクをはたす。芸人としての活動にとどまらず、歌手として『紅白歌合戦』に出場、画家としての活動でも注目を集めている。

俺のカッケー部屋と、カッケー暮らし。

引越し前にさ、シャワー用のタオルを買っておこうな。

まずは俺が一人暮らしを始めたときに痛感した、「これからは死んでも守っていきたい」人生のカッケー決まりごとを紹介しよう。

話はさかのぼり2017年9月。34年の実家暮らしから、はじめての一人暮らしを始めるべく、俺は不動産屋をまわり始めた。そういえばあの頃は、こんなことを考えていた。

「物件選びのポイントはテレビ局が近く、地方に行くので品川か東京に出やすく、空港にも出やすいこと」

実家暮らし長いな！
✉ コーヒーの花束

大昔のことみたいに言うな！
✉ サザンクロス坊主

ま、この3つは外せねーよな。

で、そのすべてを兼ね備えた浜松町しかねーだろ！　という結論に至ったのだ。これがいわゆる「浜松町最強説」だ。

だがある日の営業で一緒だった同じ事務所の先輩、ナイツの塙さんにこの説を唱えると、食い気味で「あんなとこ住むとこじゃねーだろ」と一蹴された。たしかにビルまみれでビジネスマンだらけの街は住みにくいかもな。完璧に思えた俺の浜松町最強説はあっけなく粉砕されたのだった。

じゃあどこがいいのか。塙さんに聞くと「自然とか公園とかある方が結局落ち着いていい」と。いやお爺ちゃんの発想！　とは思ったが、言わんとすることはわかる。その結果、俺がたどり着いたのは、「参宮橋」という場所だ（今は港区に引っ越したけどね）。「参宮」ってなんか縁起良さそうだし、代々木公園近えし、渋谷にも近くてカッケーし。ま、ここしかないっしょ。

すぐに不動産屋を訪ね、そして最初に内見した物件に心を奪われた。何が

こんな段落の
始まり方、
初めてみたわ！
プリン共和国

レンコンぐらい
穴だらけでした。
ミーミ

「港区!? すごい!!」って
言われたいオーラ丸出し。
東北自動車道

いいって、メゾネットタイプということ。響きがまずカッケー。メゾネット。何度でも言いたくなる。メゾネット。何度でも書きたい、メゾネット。もう、ほぼ一軒家。1階が寝室で階段上がって2階がリビング。天井も高くてベランダがウッドデッキです。ウッドデッキ。いいよね、ウッドデッキ。メゾネットほど言いたくはならないけど。

いよいよ引っ越し当日。玄関の扉を開けると真っ白な壁が。そして真っ白な壁に、真っ黒に光りを放つめちゃくちゃにデカいゴキブリが。……おいお前、どうしてくれんだコラ。

一度扉を閉め、コンビニへ。一人暮らし初日、俺が初めて買った物は殺虫スプレーだった。これも今後の人生のために覚えておきたいポイントだね。

ダッシュで家に帰り玄関を開けたが、そこにはもうアイツはいない。しかしまだ物が何もない我が家でアイツを見つけることなど容易なわけで、ほど

どこがだよ！
さかゆう

ウッドデッキかわいそうだろ！
ドッチの申し子

落ち着いたら冷却殺虫スプレーも買っとけ！カメムシとかも秒でいけるよ！
もろみじょうゆ

なくしてシンクにアイツを見つけ購入したスプレーを1本丸々使い切る勢いで成敗し、そして一緒に買ったティッシュで丸めてゴミ箱に捨てて……そうだ、ゴミ箱がない！

なるほどこれが一人暮らしか。面白くなりそうだぜ。コンビニ袋に丸めたティッシュを入れ、部屋の隅にとりあえず置いておく。

実家からは何も持って来ていないのでテレビもない。暇だ。もう寝る準備でもするか。あ、ベッドもないわ。引っ越しって、こういうのメンドイね。

よし、コンビニでタオルを買って即席まくらと即席掛け布団にするか。再びコンビニへ行き、タオルを買おうとするが「大サイズ」が売り切れており、「小」しかない。小2枚購入。物がない、なんだかスティーブ・ジョブズのような「天才っぽい部屋」の床にタオルを広げ、丸めて枕をつくる。あ、意外とフィットするわ。もう一枚のタオルを体にかけてみれば、いわゆる赤ちゃ

別に「あるある一人暮らしエピソード」ではないよ！もっとあるから！
ヒロシ探偵

何の家具も持たずに引っ越す人、『nana』の漫画でしか見た事ない
便箋とプライスレス

んの前掛けのような状態に。アホ状態。

そして眠れない。無音すぎる。よし、シャワーでも浴びるか……あ、シャワー用のタオルないわ。ていうか洗濯機もないのでタオルを使っても洗えない。実家なら自動でタオルが補充されるのに。母親の偉大さに34才にして初めて気づいた……。

いや、手で
洗えよ！
バスケットカウント

母の偉大さは
タオルで語りきれない。
バスタオルよりも
大きいんだわ。
ミートカーソルはヒラメ

パンイチスタイルが流儀。だから革のソファは買わない。

34才のころから初めての一人暮らしが始まり、家電やベッド、家具と、生活に必要なアイテムを一つずつ、かなり慎重に買い足してきた俺、相田。そんなある日ふと気づいたことがあった。なぜだか当時、俺はテレビを観る時やご飯を食べる時、硬いフローリングの上に直接座っていた。とってもお尻に優しくないストロングスタイルの座り方だ。

そうか、ソファが足りない。早く買わなきゃ。

というわけで街へ繰り出した。とりあえずフランフランにでも行っとけば、カッケーソファが見つかるだろう。

どんなある日だよ！
バスケットカウント

なんか、女子大生かよ！
みなみ

店に入ると早速めちゃくちゃカッケー、薄ブルーのお洒落ソファがあった。さすがフランフラン、最初からかましてきやがる。3シーター、オットマン付きで価格は18万か。んー、相場がわからない。

とりあえず親友のニッチェ・近藤に電話だ。俺は何かあったらすぐに近藤に相談する。近藤、俺はこのソファを買うべきなのかな？

「18万？　高い！　最初はもっと安くていいよ！」

そうなのか。さすが、バラエティもお昼の番組もこなす近藤の「高い」のひと声は説得力があるわ。

仕切り直しだ。渋谷の街を、カッケーソファを探しながらフラフラする俺。

ふと、とある家具屋のソファが目に飛び込んできた。

……なんだこの重厚感のある「革」は。ツヤ、出で立ち、馬鹿カッケーぞこりゃ。誰しもが憧れる革のソファ。この存在感はえげつない。これ、家に

水色ね！
いはら

まずは
母親だろ！
さかゆう

潜在意識に
「フランフラン」
残ってるな！
陳謝エール

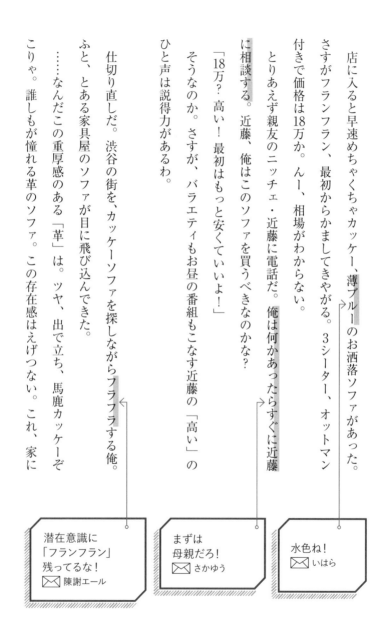

あったら一目置かれるわ。

頭の中でこのソファに座っている光景を想像してみる。……ん〜、とってもいい。俺と革ソファ。最高だ。革ソファ生活が始まれば、穏やかに四季が移りゆくことだろう。秋、冬が過ぎ、春、夏……。待てよ、夏？

俺は基本的に家ではパンツ1枚で生活する、いわゆる「パンイチスタイル」を採用している。だが夏場にパンイチでソファに座ると裏ももに汗をかくわけで、その状態でソファから立った時に発覚するのが、汗と革の相性の悪さだ。ペリペリと裏ももに革が引っつくんだよなぁ。

頭の中での妄想が終わり、自然と値段に目がいく。うん、たしか100万は余裕で超えていたような気がする。だが正直、この時の記憶はもう、あまりない。昔のことだからとかではなく、単純に記憶から消した。それだけ衝撃的だった。あれを迷わず買う奴は覇者だ。「覇者憧れ」はあるものの、さすがの俺も、まだ覇者じゃない。

風邪ひくなよ！
✉ ポテチ食べたい、あとモテたい

瞬時にこれを想像するのはすごい。
✉ さりぃ

覇者憧れがあってこそ覇者になれるもんね。
✉ インドアネシア

そんなこんなで俺のカッケー部屋に、フランフランのカッケーソファがやってきたのであった。覇者の値段に触れた俺にとっては、18万なんて可愛いものだ。

さすがに座り心地は良く、ネットフリックスを観ながらくつろぎまくっていたのだが、1カ月ほど経ってあることに気づいた。俺が買ったこの3シーターのソファ、シートがセパレートになっており、1つずつ切り離すことができる仕様だったのだ。なんで最初に気づかなかったのか、はこの際おいておこう。

問題は、ソファ上で動けば動くほどにどんどん足元がズレていくこと。シート1つひとつの間に空間ができ、それに合わせてクッションが変形していってしまう。この状態でクッションに体を預けるととても不安定になるので、それを改善するため、クッションを1つひとつ取り、己の拳で側面から叩き、元のクッションの形へ戻していく。刀鍛冶が名刀をハンマーで叩く様な動き

いや結局、近藤さんのアドバイス、無視じゃねーか！
もうええわ

ちょっとごめんなさい、情景が浮かぶようで全然浮かびませんでした。
クラリス

を繰り返すことで元のクッションの形に戻り、やっとソファの空いたすき間をくっつけることができるのだ。……この工程がクソほどダルい！　これ毎回やんの？

「最初はもっと安くていい！」

ニッチェ近藤の言葉の意味がようやくわかった。色々な経験をして、ある程度自分に合ったものを把握したところで、満を持して高いソファを買うべきよと、あの時の近藤は伝えたかったに違いない。近藤、母ちゃんかよ。参考になるわー。

今もこのソファを泣く泣く使用している。フランフランのカッケーけど、クソダルいソファを。刀鍛冶をしながら。

覇者になりてえ。覇者になるにはもっとCMとか出ないとダメだ。どなたか、俺を覇者にしてくれませんかね。

何を言ってるのか
ずっとわからない。
ぶん

初めてあのソファを
見たとき、クソほど
ダルいことになるって
私はすぐわかったよ。
ニッチェ近藤

なれるよ！
わかんないけど、
なれるよ！
韋駄天丸

ハンガー＋浴衣＝間接照明。俺の場合はね。

ある時、広島の「Dearボス」のロケで、廃寺をリノベーションしたお洒落なカフェを訪れた。そのとき目にしたのが、そこに置かれていた、馬鹿カッケー間接照明だ。

実は以前からちょくちょく、雑誌などで「そいつ」を目にしてはいた。これが部屋にあったらカッケーだろうなーという憧れはずっと持っていた。広島で久しぶりにその想いが込み上げてきたのだ。

——イサム・ノグチ。

野口さんとこの「AKARI」というシリーズだ。ググってみ？　馬鹿カッ

この時々話しかけてくる文体、なんのつもり？
ヤボ天な連中

「そう、Macならね」みたいに言うな!!
ジョージ池谷

ケーから。マジで。

ひとり暮らしの俺の家にこれがあったらと想像した。当時、よく家に来ていた、元・ブリリアンのコージや、東京ホテイソンのたけるが、腰を抜かす姿が容易に想像できたものだ。

やっぱ買うしかねーか、間接照明。ということで、東京に戻ってからインテリアショップをまわることにした俺。いや待て。一発フランフランに行ってみるのもアリか。なにせフランフランの信頼度は絶大だからな。

いつも行く店舗に行くと、早速あるじゃないの、カッケーのが。「シェードランプ」ってやつで、少し高さがあって透明なガラスの中に裸電球が1つ。シャレオツー！　しかもスイッチは足で踏むタイプだ！　これ、野口さんもビビるよな？

そんなこんなで照明を探し始めて1発目で出会ったシェードランプを即購

豪華メンバーだな！
……ん、ツッコミこれで合ってる？
イワシの煮汁

ビビんないよ！　野口さんはビビんないよ！
岩本

入したのであった。

決めるの早すぎって思ったやついる？　全然わかってないね。やっぱこういうのって運命だから。インテリアとの出会いって、こういうことなのよ。届いたシェードランプを寝室に置いてみれば、これがしっくりくるのなんのって。部屋の明かりを消してシェードランプのスイッチを踏んで入れた時の裸電球の光よ。毎晩、スイッチ踏むのが楽しみすぎる。

ただね……いや、いいんだけどさ……ちょっと明るすぎるんだよな。

あまりに明るいから、寝る時に照明と反対側向いちゃってるもん、俺。目に光が直接入っちゃうというか、もう少し間接的な光のほうがよかったかもな。つーか俺、間接照明買おうとしてたんだったわ。買ったの「直接照明」じゃん。シェードランプはカッケーけど、やっぱ間接照明見つけなきゃな。

問いかけ文章
多いなぁ…。
たらふく饅頭

そのスイッチに
ムカデいてくれ！
ポテチ食べたい、
あとモテたい

よく気づいたな！

名探偵！ってバカ！

カマドウマ

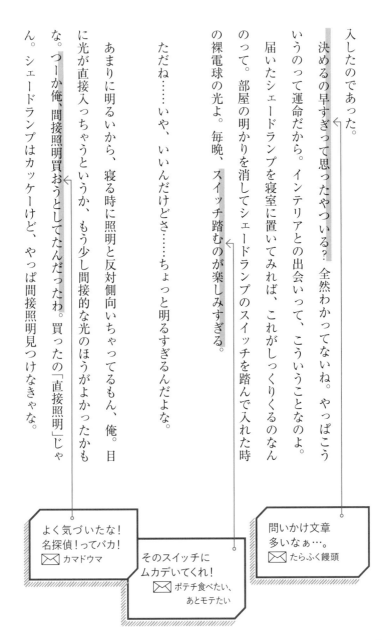

そこからはネットで『間接照明、カッケー』と調べたり、青山、目黒といった一流タウンでインテリア店をまわった。でも、いまいちピンとくるものがなかった。やっぱイサムんとこの照明を買うのが一番いいのかなぁ。

だがある日、部屋の片付けをしていた時に、運命の出会いが。

いつだかの夏に衣装でもらった浴衣と出会ったのだ。これ、たたみ方がわからないんだよな。なんとなくハンガーに掛ける。それを引っ掛ける場所もなかったので、ふとカーテンレールに掛けてみた。その状態でなんとなしにベッドで寝転がる俺。

……ん？ なんか寝室の雰囲気、いい感じになってない？

フランフランのシェードランプの前に浴衣が重なり、ちょうど光を遮るもんだから、直接照明が間接照明になってるのだ。なにこれ、いい塩梅に光も

検索ワード、せめて『間接照明、かっこいい』であれ！
コーヒーの花束

「間接照明、カッケー」は調べるのに「浴衣、たたみ方」は調べないんかい！
ニッチェ近藤

なんか文章こなれてきたな！ 慣れてきた？
きよみ

和らぐし、なにより浴衣と壁に当たる光のコントラストが、とにかく趣がある
るじゃないの！

なるほどな。そういうことか。俺、気づいてしまった。

浴衣と寺に共通するワード。それは「和」だ。

和の寺で間接照明が映えまくっていたのだから、和の浴衣がランプと合わないわけがない。むしろ最初からそこに置かれるべきだった浴衣が、願ったポジションにようやく掛けられて喜んでいるようにさえも見えてくる。やべ、間接照明の最適解、見つけちゃったよ。

これ絶対、イサムが部屋に来たら腰抜かすぞ。趣いかちー。しばらくこのままでいいわー。もはやイサム・ノグチから「YUKATA」シリーズ出ねーかなー。あー、待ちどおしいわー。


そう言われたらそんな気がしてくるので不思議。

ヒロシ探偵

来ねえよ！

絶対、来ねえよ！

コリコリ

エアコンが壊れて馬鹿アチー？扇風機大作戦で解決せよ。

あれは、一人暮らしを始めて2回目の夏がスタートしたころだったか。さすがに暑くて、そろそろクーラーをつけなきゃ俺自身が蒸しあがると思いエアコンのスイッチを入れたとき、それは起こった。

あのね、涼しくなんねーのよ。近くに行ってもナマ暖かい風しか生み出してねーの。途中で電源も落ちるし、完全にイカれたのよ。で、修理を頼んだら2週間待ち。同じように悩んでる人たちが順番待ちしてんだけどさ、その間どうすりゃいいのよ？ ヘタしたらお陀仏よ？

しかも、よりによってこの日は、俺の一人暮らしの家でのロケが入ってい

バチボコ「レイトン教授」シリーズの入り方！！！
フカザワソウタ

言い方、古いタイプの反社の人！
匿名希望

て、あの有吉さんが来ることになってる。絶対文句言われんじゃん……。

で、実際、文句言われたわ。そりゃそうだ。撮影機材の熱もあるし、ロケクルーはやたら多いし、扇風機を2台買ってきてもらってフル稼働させても、まかないきれないほどの暑さ。

つーか元々の扇風機を含めて、部屋の隅に扇風機3台置いてるって……犬、がそこらへんに寝てたらもはやアジアの食堂だよ。タイとかでよく見る。

で、ロケはなんとか終わって扇風機も1台もらえたんだけど、エアコンを何とかしないとどうにかなっちゃうと気づいた俺。

そして起死回生の策を思いついた。まあ聞いてくれ。当時の俺が住んでいた部屋は、メゾネットタイプで1階が寝室、2階がリビングだった。、2階のエアコンが壊れただけで1階は壊れてない。ならば1階から冷たい空気を2階まで送ればいいわけだ！まじビビったろ？当時の我が家にはダイソン

これは相当ウマイ例えで
感動しました。
情景が浮かび、かつニヤっとさせる言葉のチョイス。
お見それしました。
ザイル

いや、しれっと扇風機
もらってるのなんなん？
イマイズミ

の扇風機を含めて2台の送風機があった。……いけるか？　いや、わかんねーけどいくしかねーわ！

まず1階の寝室をガンガンに冷やしてから1台の送風機で階段付近まで冷風を送る。そんで、もう1台の送風機を2階へ向けて送風。リビングで待つ。

……おい、全然こねーぞ。どうも冷風は階段の3分の1くらいまでしかきてないみたいだ。ダメか。まあ、そもそもこの謎の状況を解決するために作られた扇風機ではないからしょうがない。ならば、もう1台、パワフルな送風機を買いに行ったろう。というわけで数日後、新宿のビックカメラへ。

事情を説明してとにかく送風力が1番強い扇風機を紹介してもらうと……。いや店員さん、これ業務用じゃない？　工場とかにあるやつ。オレンジの羽根の。これ家にあったら俺、笑っちゃうよ。もうこれ、ボケだもん。

もうちょい強くなくていいですと言ったところ紹介されたのが、バル

きっと、いけねーよ！
想像つくわ！
タマゴドーフ

電気屋さんで前代未聞の会話だな！
さぶいぼ

ミューダのサーキュレーターだ。バルミューダってトースターとかオーブンのイメージだったけど、扇風機まであんのね。

……いやしかし、オシャレで無駄のないデザイン！　よし、お前に決めた！

全然安くはないけど、これで灼熱から逃れられるのなら喜んで買うぜ。

> 相田は
> 秒で買う。
> ✉ 薄笑い万年床

ウキウキで家に帰り、階段下のダイソンをエースの座から降板させ、バルミューダを設置。スイッチオン。どこまで風が届いているかを確認すると……スゴい！　2階まで風が届いてる！　さすがだよバルミューダ！　高い移籍金を払った甲斐があったわ！　とんでもないルーキーが現れやがったぜ！　これからの活躍期待してます！

　これで我が家は平穏な暮らしが送れるはずだった……が、暑いんだよ。結局そこそこの冷風が届いたところでリビング全体はさほど涼しくなんないのな。おとなしくエアコン修理を1週間待ちましたよ。なんか室外機の中のガ

> やっぱりな！
> さすが相田さんやで！
> ✉ かめむら

スが空だったんだって。鍋の店とかでよくあるよね。カセットコンロの中身が途中でなくなって交換するやつ。あれどうにかなんないのかね？ 火点けてすぐ空になる時あるよ？ 確認しないの？

話は逸れたけど、パンパンに室外機のガス補充してもらったわ。エアコン付けたら涼しい涼しい涼しい！ しかもその下にバルミューダがいるもんだから最高よ。部屋の隅々まで全部涼しいね。

最高、だな。

この「、」腹立つ！
ニッチェ近藤

いや、まあ、その、
落ち着いてください。
匿名希望

さっきから気になってるのですが、イラストの相田さん、めちゃめちゃ似てますよね。グッズ化希望です。
カメラマンK

カーテンはオーダーする。あと窓際では寝ない。

2019年の秋、港区に引っ越したのね、俺。

港区の高級マンション住まいの俺が、うらやましい気持ちはわかる。でもまあ、聞いてくれよ。結局、高いところに住んでも、毎日の暮らしにおける悩みは、皆とそうは変わらないんだからさ。な、頼むよ。

それにしてもね、この新居、すこぶる快適なんですわ。前の部屋と比べたらそうだな、ベッドルームが広くなったでしょ。それに何と言ってもね、窓がデカくなって、とにかく開放的で気持ちがいい。眼前が開けてるから景色

また言ってる！ なんか優しく自慢してる！
AT フィールド解除

親友からカネを借りるときの言い方！
かふかふかふか

がいいんだわ。

しかしだね。窓が以前と比べてデカくなったことで、少し問題もあんのね。前の家で使っていたカーテンが使えなかったのよ。まったく尺が足りねーの！　寝てると朝、太陽の光が直接、俺の目に降りそそぐんだわ！　AM8時には確実にまぶしさと暑さで1回起きるんだわ！

いやぁ……でもこれは仕方ない。俺がランクの高い部屋に住んだことによる代償だ。ということでカーテンを買いに行きましたとさ。

でさ、いろんなお店をまわって思ったんだけどさ、カーテンってなんであんなに高いの？　布1枚のくせにめちゃくちゃするじゃん！

なんて愚痴りつつも、俺は妥協しない。最高のベッドルームをより快適にするためだし、少し高いけれど、とにかくオシャレ、かつ完全に光を遮るわけではない「良い」カーテンにすることにした。あー、でもなぁ。何度も言うのもアレだけど、なんでこんなに高いんだよ……。布切れ1枚なのに。

警部みたいな口調！
ポテチ食べたい、あとモテたい

昔話のはじまり、はじまりぃ！
匿名希望

すごいわかる。ニトリ安いのでオススメです。マジで。
ちばから

泣く泣くお会計を済ませたのだが、なんでも、カーテンができ上がるまでにだいたい2週間かかるらしい。あと2週間も毎朝、直射日光を浴び続けるのか。まあ、いいでしょう！　楽しみにしてます！

と、声にこそ出してないがそれが伝わるくらいの軽快なペンさばきで伝票に住所を書いた俺。会計手続きを済ませて店を後にする。いや待ち遠しいなぁ。早くあの窓にあのカーテンがかかるのを目にしたい。

その2日後、仕事中にカーテンのお店から電話が入っていた。折り返してみると、店員さんがすっごく申し訳なさそうに謝ってくる。どうやら会計を間違えてしまっていたようだ。なにそれ。

聞けば、俺が支払った額にあと4万円ほど足りないらしい。え？　あと4万追加で払わなきゃなんないの!?　くそぉ〜！

とは思ったものの、いたって冷静に、なるべく低い声で「わかりました」

パンクブーブーのネタみたいになってんじゃねーか！
グラマンギッセル

吉野家コピペの「パパ特盛頼んじゃうぞぉ〜！」的な！　キモい！
知恵熱くん

と返事をした。こういうトラブルに落ちついて対処する大人ってやっぱカッケーし、憧れるもんな。しかしまだ店員さんの言葉が続く。どうやら生地が特殊なものらしく、到着までもう少し時間がかかってしまうようで、ウチに届くのが1カ月先になるらしい。はい？ あと1カ月直射日光⁉ と若干、声がうわずりそうにはなったが、なかなかに低い声で「わかりました」と言えた。あぶねー。でもあの布切れ、プラス4万かぁ。すごいなぁ……。

さらに3日後、またもや店から電話。仕事中で出られずにかけ直す。向こうからの要件を簡単に言うと「差額は振り込んで頂けましたか？ 特殊な生地なので支払いの確認が取れないとカーテンを作れないですよ」だって。

……おい！ ちょっと待ってくれよ、俺は差額も振り込んで確認のメールも送ってるのよ？ メール確認してくれてないの？ ってことはまだカーテン作り始めてないじゃん！ ってことはてことは、出来上がりまでこっからあ

ちょいちょい残ってる
庶民的な感覚。
推せる。
ぶん

これはさすがに
同情を禁じ得ないね。
キック・ザ・カン・ガルー

と1カ月⁉　つまりつまり、トータル約40日も直射日光⁉　干からびるわ！
もうええわ！

と、漫才の終わりのように電話を切りたかったが「振り込んでメールも送ってるんで確認お願いします！」と、怒り慣れてないやつがする典型的なうわずった声で、少し熱く返してしまった。なかなかにダサい。申し訳ない。後日担当の方から連絡があって入金確認が取れて、問題なくカーテンも届けてもらえるとのこと。

で、いまではカーテンがバチっと大きな窓にかかっている。

やっぱカーテンはオーダーだな。そのほうがカッケーもんな。

そのパターンの終わり方
普段はやってないだろ！
まーぱん

うるせー！
あと前の行の余白も
うるせー‼
玉田の左足

結局ね、誰の意見でもなく、自分でぜんぶ決めんだよ。

あのさ、ちょっと前のことなんだけどね、掃除機が壊れたよ。充電しても動かないんだわ。ひとり暮らしを始めたタイミングで買ったパナソニックの掃除機が。

あのときはそうだ、「男だったらダイソン一択だろ」って意気込んでヤマダ電機に行ったんだっけ。たしか、店員さんにおすすめの掃除機を聞いたんだよな。んで、店員さんとのやりとりがこれ。

「ダイソンは吸引力は確かにすごいんですけど、その分、重いです。僕のおすすめはこのパナソニックですね。この掃除機は自走機能が付いているか

そんなことより、
相田さんってちゃんと
掃除とかするんだな。
たーこる

もっと安いのに
しとけよっ！
匿名希望

らすごく軽いんです。どうぞ、ちょっと持ってみてください」

「うわぁ、ほんとに軽い！　ほとんど力がいらないですね！」

「さらにパナソニックの掃除機には独自の性能がありまして。『ガバとり』ってご存じですか？」

「いや、恥ずかしながら知らないです」

「見ててくださいね。ほら、ここの掃除機のヘッドが、壁に押し込んだときにガバッと折れるようになってて、壁ぎわのゴミが取りやすいようになってるんですよ！」

「おぉ！（拍手）じゃあこれにします！」

こうして、来店前の意思をあっさりと曲げられ、購入したのがパナソニックの掃除機だった。通販番組で主婦が商品を購入する気持ちをわからせてくれたパナソニックの掃除機。

……でもな、もう全然動かねーよ！　どうなってんだよ！　つーか、取扱

ポシュレの
クワバタオハラか！
✉ きんようび

ポシュレの遼河はるひ
ぐらいちょろい！
✉ ヒロシ探偵

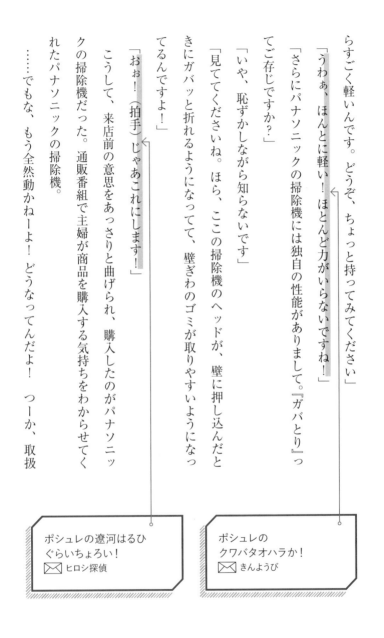

説明書の「故障かな？と思ったら修理に出すその前に」的なやつ、なんなんだ？「充電はされてますか？」「アダプターはコンセントにちゃんとささっていますか？」って、いやずっと動いてたのが突然動かなくなったからこっちが助けを求めてんのにそれ？ 逆にどうやって今まで電源入れてたと思ってんの？

もうダメだ。どうしよ。そうだ、1回ヤマダさんに聞いてみようかな。あ、ヤマダ電機のことね。

お店に行ってヤマダさんの店員さんに症状を話すと、「おそらくバッテリーの劣化ですかねぇ」とのこと。まあ、掃除機のヘッドもけっこう絡まるようになっちゃったし、吸い込みもだいぶ甘くなってきたから、タイミング的には買い替えてもいいなとは思ってたのよ。

でもでも、ここでヤマダさんの店員さんのおすすめを聞いたらそれを買っ

まあちょっと茶でも飲んで
落ち着いてくださいよ。
✉ 万力タメ五郎

「さん」多いな！
気を遣いすぎ！
✉ ペンタゴン

てしまうのも、俺わかってるから、一時帰宅してから考えるよ。とは言っても何を買えばいいかわかんねえしなぁ……。

ここであることを思い出した。そういえば前に、指原莉乃がツイッターで「おすすめの掃除機ありますか？」ってフォロワーに呼びかけてたよな。ってことはさっしーに聞けば間違いねーな。だってフォロワー296万人だよ？（編集部註・掲載当時）つーか、さっしーと連絡とれる俺、まずスゴくない？なんで連絡先を知ってるかって、実は指原莉乃、リリーフランキー、そして俺・相田で一度「オールナイトニッポン」をやってんのよ。いやまずこのメンツスゴくない？やばいよね。

で、さっそく聞いてみたら、さっしーから即返信が……いやめちゃめちゃ掃除機詳しいじゃん！色々教えてくれたんだけどね……。

マジすごい。これはすごい。
さすが相田だな（棒読み）
デューク皿 Yeah

こっちの「さん」は
どこいったんだよ！
ペンタゴン

ごめん、やっぱ「ダイソン」1択だわ！ 人の意見はもう聞かない！ さっしー、ごめん！ これがマイルール！

結局ダイソンなのよね。ペットの毛もしっかり吸い込むし、何より手入れがめちゃくちゃ簡単って聞くし。で、すぐさまヤマダさんとこで購入。「ダイソンV11」ね。ちょっとボディは重めだけど、確かに吸引力はやべーし、手入れが簡単でさ、ワンタッチでゴミをささっと捨てれるのね。ヘッドを替えるのも簡単でさぁ、いろんな場所で使えるし。ヘッドがスリムだから壁ぎわも全然いけちゃうわけ。ガバとりもたしかにすごかったけど、ダイソンやべーわ。なんだったたんだよ。今までの俺のガバとり生活。

結局、男も女も黙ってダイソンってこと。これ覚えといてな。マジだから。

ちなみに、まわしもんじゃねーからな？ 頼むな？

いや語彙力
どうにかならんのか！
亀村

「雌雄同体（オスとメスの区別がない）カタツムリさんも迷わないですね」の一文入れろよ！
バカかよ！
化け猫のナルセ

わかんねーことは人に聞く。恥ずかしいことじゃねーから。

——このパートの原稿は、俺が連載しているモノクロという雑誌に載せたものだ。なぜわざわざこう注意書きをするのか、本パートを最後まで読んでもらえれば、その理由がわかるだろう。とりあえず読んでくれ。

最近、買いたいモノがないんだよな。というか、港区に引っ越すときに、結構、色々なモノをそろえたから、俺の中のある欲が一段落している。

購買欲ね。これが最近の俺なんです。

生活するうえで必要なモノはだいたいそろった感？　一人暮らしを始めて

いや前の章タイトルなんだったの？イカれてんのか！
大志を抱くマン

なんかアンニュイだな！アンニュイか？
Real love

から3年くらい経つけどさ、我が家の家具や家電たちには、まあ満足してるのよ。俺はさ。

キッチンには「ヘルシオ ホットクック」があるから自炊も簡単でしょ。リビングには「フランフラン」のソファね。で、趣味の部屋にはボードゲーム、テレビゲーム、漫画が収納できる棚があって休みの日はその部屋にこもれるわけ。ほんでさ、寝室にはでっかい窓に、お洒落なカーテン。布一枚なのにめちゃくちゃ高いカーテン。なんであんな高いのか不思議なカーテン。でも満足度もすごく高い。まあいいや。

でね、もう既にカッケー部屋にはなってんだけどね、なんつーかこっからもっともっとカッケー部屋にできる、とは思ってるんだよ。伸びしろがまだあんだよね。限界決めんのは自分だからな？ むしろ、ここからの買い物次第のとこあんのよ？ もっと高み目指したいんだよなー。

だからさ、なくてもいいんだけど、あったら助かるものとか、これあった

倒置法にしても
かっこよく
ならねーよ！
7バウンド送球

納得いってない気持ちが
にじみでちゃってますね！
黒猫の団子

タオルでも
かけてろ！
インモラル派

ら部屋が一気にカッコよくなるモノとかそーゆうモノが欲しいんだよなー。

あ、ちなみに趣味部屋にスターウォーズのフィギュアは置こうと思ってる。これだけはもう決めてる。「ホットトイズのフィギュア」ね。知ってる？やべーからすぐ調べてみ？腰ゆがむくらいビビるぞ？精巧なんだわ、つくりが！だからフィギュア置く用の棚とかは買うかもなー。

あとタクシー乗ってたらさ、助手席の後ろの広告に急に出てきたんだけどね、シーリングライトでスピーカーが内蔵されててそっから音が出るやつ！（編集部註・「ポップイン・アラジン」）わかる？あれなんだ？ヤバすぎだろ！音が降ってくる感覚、味わいてー。臨場感ハンパないだろーね！

あとはリビングと寝室がわりと広いから、スペース余ってて殺風景な感じなんだよなー。いい部屋住んでるからさ、スペースはあり余ってるわけ。

つーことでさ、みんな、なんかオススメない？

モノクロ読者なんだからさ、みんなのほうが詳しいっしょ？オススメ家

倒置法がくどいわ！
胃もたれしそうな
文章だな！
普通人

ブランコで足ぶらぶら
させながら言うな！
ディグダグダ

電でも、インテリアでもなんでもいいから送ってきてよ。参考にしてーし。とにかく「もっともっとカッケー部屋」にグレードアップさせたいわけよ。てっぺん取りたいわけ。わかるよね？

あ、ネタみたいなお便りはまじで無視するからね。今回ね、マジで大喜利じゃねーんだ。ガチね。

「アメリカン・ヒストリーXのポスターはどうですか？」とか言うなよ？ カッケーやつ頼むわ。いやカッケーんだけどね、アメリカン・ヒストリーXも。でもちょっと……37才の男の部屋にはね。わかんだろ？ やべーやつだろ。エドワード・ノートン、カッケーんだけどねぇ……。

とりあえずみんなのおすすめを待つわ。そうそう、前に、たまたま仕事が一緒だったモノクロのこのコラムの愛読者であるハナコの岡部にオススメの家電を聞いてみたらさ、『パナソニックのドライヤーのナノケアがいいから

現状に甘んずることなくワンランク上を目指す野心。それでいて人に教えを請う謙虚さ。隙がない！人として尊敬します！
いとえり

うん、マジで言ってないよ！
イジラレー吉田

あみんか！すいません。
千葉直人

是非買ってみて下さい』だって。

なるほどね。ドライヤーを変えてみるのはアリだな。で、岡部に何がいいのか聞いてみたんだけど、「髪がすっごくサラサラになっていいですよ』だって。

お前坊主だろ。帰れ。頼んだぞ読者！

――ここまで読んだ人は、さぞかしたくさんのオススメが届いたと思うだろ？ でもさ、ここまでお願いしたのにな、「これ買ったらいいですよ」みたいなお便りが全然届かないの、なんなの？ え、人気ないの？

だけど俺はくじけないよ。わかんないことは人に聞く。結果はどうあれ、恥ずかしいことじゃねーから。でももうちょっと、お便りは届くと思ったけどね。まあ、いいんだけどね。うん。

岡部さん、しっかりとしたボケですね！
✉ H.N

俺たちは相田のこういうところを買ってるぜ！
✉ 陳謝エール

相田's RULE
Part.2

しゅーじまんの YouTube Style

YouTubeは「∞」だし、素材の味で勝負する。

最近よく、YouTubeを始めた理由を聞かれんだけどさ……。

そんなん楽しそうだからに決まってんじゃんな。

好きなことやれんだよ、YouTubeって。色々なことやりたいじゃない。縛られたくないんだよね、俺って。わかる？

あと始めた当時は、在宅時間が増えてきそうな気配をガンガンに感じてたから、ここいらで自分のチャンネルを1個持っとくのもアリかなって思ったんだよね。カッケーじゃん、自分のチャンネルあんの。

漂うルフィ感。
タララ

そこが目的ですよね !?
チータラ船長

ただ さ、やろうと思ってもまずどんな動画を撮るか、ていうか何をすりゃあいいのかわかんないんだよね。俺、YouTubeをめちゃくちゃ観てるってわけでもないし。って思ってたのね。当時の俺って。

でも今思えばさ、どんなことをしてもいいから、とにかくやったほうがいいんだよな。YouTubeの世界って、〝可能性∞（無限大）〟なんだよ。それに早めに気づいてよかったね。俺ってばさ。

まあ話は戻るけど、なんかやりたいことないかなと思ってさ、参考になればと思って、色々なYouTubeを観てたんだけどね。

……俺、あれが好きなんだよね。ASMR動画。知ってる？ 咀嚼音ね。最初はまったく興味なかったんだけど、あれ、意外と心地いいんだよね。そのときの俺が観てたのは、韓国の綺麗な女性が「カンジャンケジャン」を貪り食う動画なんだけどさ、あれ最高なんだよ。ただ食べてるだけなんだけど

これはたぶんこの後たくさん出てくるツッコミポイントでしょうね。
✉ くわがた

綺麗な女性だからいいんですよ。わかりますよね。
✉ 千葉真一 Neo

ね、なんだか観ちゃうんだよなー。

全部結局いいんだけどさ、個人的ベスト3は、「蟹の殻を口で割る時の音」と、「蟹味噌とライスを混ぜた物を食べる瞬間のちょっとだけ吸う感じの音」と、あとはあれ。「なぜか脇に置いてあるカクテキを食べる時の音」だな。無限に聴けるよね。∞（無限大）。わかんないやつは、一回YouTubeを観てきてくれ。「カンジャンケジャン」で一瞬で出るから。

「なんか観ちゃう」って響きいいじゃん？　だから俺も、「なんか観ちゃう」を目指そうかなと思って、始めたんだよ。YouTube。ムズいけどね。このラインが一番ムズいとは思うよ？　でもやるからにはここ目指さないとダサいから、やるよ。

で、俺も食べ物好きだからさ。みんなもそうじゃん？　食べ物好きじゃん？　だからまずは、何かを食べる動画を撮ろうと思って。

これマジでよかったので
しゅーじまんの感性
あなどれねーんだよな。
ポストカード着払い

食べ物が好き。
わかる。めちゃめちゃ
わかる。生きるためでなく
食の行為自体が至高だよ。
きりしマッスル

でも、いきなりあの「カンジャンケジャン」いくのは目標達成感あるし、かと言って1発目だろ？　まあまあパンチのある食べ物にはしたいしって思いながらデパ地下を歩いてたら発見したんだよ。

ブッラータチーズ!!　幻のチーズだよ!!　詳細はごめん、次の章で話してるから割愛!!

これしかねーわと思って買ってさ、いよいよ動画を撮るんだけどね、言うほどたくさんのYouTube動画を観てないもんだから、どうすりゃいいかわかんねーのよ。一回YouTubeの撮影現場見学してみたいけど、基本1人とか2人とかでやってるわけだから、見学できないじゃん？

あーヒカキンさんかあの韓国の綺麗な女性が知り合いだったら助言求められんのになーと思ったわ。めちゃくちゃ綺麗なんだよなーあの人。イタリア

こういうのは大体、

「前のページで説明してる」

なのよ。後は前代未聞！

ヒロシ探偵

おっちょこちょいが
過ぎるね。
いわお

けっきょくそこね！

にじみ出てるよ！

香取

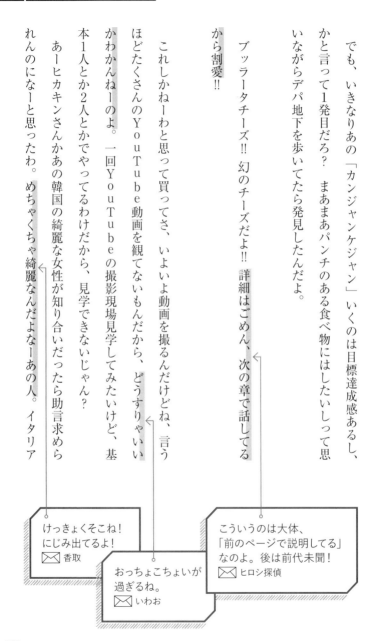

ンとか行って美味しいもの食べたあと、夜景見ながら動画の助言してほしいなーとか思ったわ。

そう、あととにかくさ、ASMR動画って基本無言で食べてるから、どんくらい喋っていいもんなのかわかんないってのもあってね。で色々考えた結果、とりあえず一発目はなんとなく撮ってみるかってなって、ヌルッと撮影したんだよね。もう考えててもしょーがないから、回そう。回しながら考えよう、ってやつよ。

そしたらね、尺がさ。20分強もいっちゃってね。

YouTubeの尺じゃなくなったんだよ……こんな長い動画ないんだよ、普通は……。あとね、チーズって全然音出ないのな……。ブッラータがモッツァレラよりふわふわだからさ、一緒に食べたトマトの方が良い音だし。

ASMR的な感じにはなんなかったんだよなー。

「ヌルッと」はエロ漫画とかでうっかり入っちゃったときの擬音な！
クソみちょゴリラ

ASMR動画のつもりだったのかよ！
おっさんがチーズ食べた感想動画かと思ってたよ！
ともりん

まあでも最初はこんなもんだろってことで、とりあえずどこをカットするか考えるために、一回撮った動画を自分で確認したんだよ。そしたらさ…カットするとこないんだよな。普通に観れちゃうし。だからそのまま出していいんじゃん？　ってなったんだよね。

結局、YouTubeだから短め尺がいいとか勝手に自分で決めちゃってただけなんだよ。ダサかったわ俺。凝り固まった考え方だったわ。既存の考えにとらわれてたわ。∞（無限大）なんだから、決めなくていいんだよ。

じゃあテロップもいらなくない？　余計だよね。俺は素材を楽しんでほしいから。できるかぎりシンプルな方がいいじゃない。観る方がどうやって楽しむかを決めてくれれば、それでいいから。こっちが提案するのはナンセンスなんじゃないかな？　と思ったんだよな。

編集した方がテンポも出て、面白くなるから、みんな編集してテロップも

あったよ！
けっこう、切るべきとこあったよ！
カイリキー

19（ジューク）を思い出しました。
塊魂

どう楽しめばいいのかいまだにわからないので、筋トレしながら見てます。
やっこ

入れてるわけよね？　じゃあ俺、編集もテロップもいらねーわ。だって必要ないもん。観れちゃうから。素材の味で勝負しようと決めたわけ。

つーことで1発目の動画が完成。思ってたより再生数もよくて、この感じでいくかってなったんだわ。今調べたら再生回数10万だったよ。この1発目が1番再生されてんのね？　そーゆうもん？　そっからこれ超える動画出てないってこと？　え？　俺が1番やりたかったカンジャンケジャンもやったよ？　今調べたらカンジャンケジャンの再生回数4・6万回だったよ？

つーか再生回数が多いとか少ないじゃないから。やりたいことをやるだけ。そんでみんなが観てくれりゃそれに越したことはないけど、みんなが観たいであろうものに寄りにいくのはダサい。数字はただの数字だからね。俺はとらわれないよ、数字には。それが俺。それがYouTube。∞（無限大）。

テロップ入れろ！
わりと見づらいよっ！
剛力あやと

今世紀最速の
開き直りの速さ！
チップ3枚

やっぱうるせー！
「無限大」は一回でOK！
くわがた

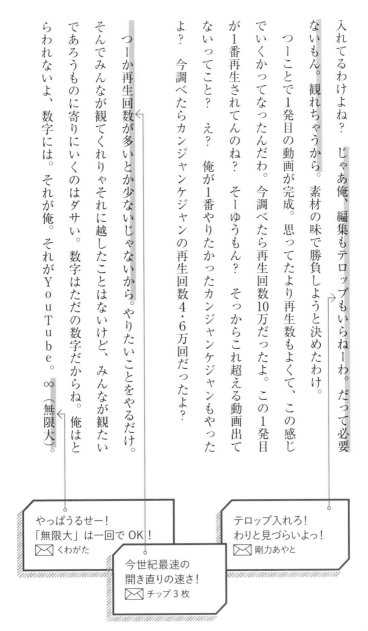

「再生数が少ない？ でも好きだからゲーム実況は続けるよ。」

でまあ、そんなわけでYouTubeを始めたのね。リングライトとピンマイク買ったから必要経費はざっと1万円弱かな？ こんな手軽になれるもんなんだね、ユーチューバーって。

いらねーだろ！
多分いらねーだろ！
キミマロ

さて、みんなが楽しみにしてる「ブッラータチーズ」の話、しようか。ブッラータチーズ。まず知ってる？ モッツァレラチーズの中に、細かくしたモッツァレラチーズとクリームを入れて作るんだけど、それをナイフで割るじゃん？ すると中からトロトロのチーズが出てくんのよ！ 俺が買ったやつは、

誰も楽しみにしてないよっ！
川崎のプロント

なぜかそこまで出てこなかったんだけどね。

まあ詳しくはYouTubeを観てくれ。いや、でも本当ウマいからみんなも食べてほしい。いいとこのやつを食べてほしい。ブッラータチーズの話はここで終わりね。もうこれ以上お伝えする情報はなかったわ。

俺のYouTubeチャンネル「しゅーじまんチャンネル」ではさ、みんなご存知のとおりゲーム実況もやってんのね。「バイオハザードRE：3」とかね。最初は、ゲーム実況ってコンピューターを何台か買わないとできないと思ってたけど、手元にある最小限コンピューターでいけたんだよね。

ただ、すげー苦労してる。ピンマイクの位置が近すぎると音が割れるし、遠いとやっぱ声が小さすぎるし、ヘッドホンのケーブルが短くて、テレビに挿すとだいぶ画面と近い距離になっちゃうし。


いやさすがに情報薄すぎる!

かふかふかふか

ここはツッコミをぐっとこらえます。

SJSJSJ

パソコンのことですか?あれをコンピューターと呼ぶのは初老以降の方々です。かしこ。

チートサイコロ

で、やっとアップできたと思ったら、再生数少ねーし。いったいどーなってんだよ！　ほとんどしゃべらずに食いもん食ってるだけの動画のほうが再生されてるって！

しかも、前に「1週間どんだけヒゲを伸ばせるかチャレンジ」をして、毎日撮ってた動画をつなぎ合わせただけの映像をアップしたんだけど、それの方が再生数多いよ！　マジでなぜ!?　一番やりたいのがゲーム実況なのに!!　でも好きだから、何があっても、絶対やめないからな、ゲーム実況！

あ、それと自粛期間中に、暇だから椎茸も栽培してましたわ。知ってた？「椎茸栽培キット」っていうのが売ってんのよ。千円ちょいだよ？　最高じゃない？　毎朝楽しみなのよ。どんだけ成長してっか見るのが。

あいつらの成長スピードえげつないからね？　5日で立派な成人椎茸になるよ？　そんでもって量がえぐい！　お隣さんに余裕で「作りすぎたんでよ

しょうもないな！
でも再生数多いんかい！
どういうこと！
熊田久真男

いやオマエも
成長してくれよ！
がんばりまショウヤ

かったらどうぞ」ができるくらい、大量に収穫できっから。「育てすぎたんでよかったらどうぞ」か。まあいいや。

1週間に1回収穫できて、採りたての椎茸をホイル焼きにしたらやめらんないよ？ 椎茸汁ぶっしゃ～よ？ これもしゅーじまんチャンネルにあげてるから。んで余裕でゲーム実況より再生数多いから。なんでだよっ!!

あー、ご飯食べてる動画撮って、ゲーム実況して、椎茸栽培して……。

俺、結果、自粛前よりだいぶ忙しくなってたわ!! なんでだよっ!!

いやホント、
なんでだよっ！！
匿名希望

自粛前もそんなに
忙しくないだろ！
クソみちょゴリラ

イラスト描いていただいたサレンダー橋本様。ちょっと間がもたず、こんなに大きく使ってしまってごめんなさい。
編集担当・建部

新鮮なお寿司に醤油ベッタリは野暮。つまりはそういうこと。

すごく単純でアレですが、どういうこと?
江戸の恥さらし

オリジナルのものってすごく魅力的だ。

唯一無二のものは人を惹きつける。やっぱり俺は、これを目指したい。目指したいけど、これは狙ってやればやるほど、裏目に出るもの。だから俺は、「狙わずに狙う」ことを心がけている。心がけすぎてもいけない。心がけないように、心がけている。わかるか?

わかるようで全然わかんないよ!
血みどろ赤レンジャー

じゃあどうすれば、YouTubeでオリジナリティーを出せるかって?考えてもダメなんだよ。考えた時点でそれは狙ってるから。じゃあどうするか?とにかくやりゃあいい。何も考えずに。そしたら自然と出てくるんだよ、オリジナリティーってやつがさ。

それに気づかず、何をやればいいかわからないからってYouTubeを始めないやつが多いんだよな。まわりにもいるし、俺だってそうだったよ。

でもさ、まずは一歩踏み出してみな? 話はそっからなんだよ。そこが重要なんだよ。わかるか?

俺は動画を撮るにあたって、なんにも決めてないよ。やることは決まってるけど、ただそれだけ。RECし始めたあとのことは何も決まってない。決めちゃうと、そのまま、ただそのとおりに進んで終わるだけだから。

その時々で状況は変わってく。変わってくなかで、自分で選択して、導いていく。それが俺のスタイルだ。

例えば俺は、動画の冒頭に名乗ってから右手を出して、「ぷしゅー!」と言う。あれだって決めてないんだよ。最初の動画を撮るときに、名前を名乗

わかるよ!
人生って結局そういうのが大事だもんね!
けーどろ

頼むから
決めてくれぃ!!
ポーランド氏

REC!! REC!?
これはかぶれてる!
空海

ろうとだけは決めてたけど、特に名乗り方や、ポーズなんかを決めてたわけじゃなくて。RECし始めて名乗った瞬間、「ぷしゅー！」が降りてきたんだよな。気づけば右手を前に出してたよ。そういうことだよ。

決めなくていい。その時やろうと思った方向に進んでけばいいんだよ。仮に右手を出して「ぷしゅー！」と言おうって決めてたら、逆に俺はやってないかもなー。

ユーチューバーの多くにはそれぞれの自己紹介的なのがあるし、今では「冒頭ぷしゅー！」は俺の決まりになった。「しゅーじまんと言えばぷしゅー！」がもっともっと代名詞的になれば最高だ。

テレビ東京系「青春高校3年C組」で一緒にMCをやらせていただいてる、バナナマンの日村さん。その日村さんのマネージャーさんの息子さんが映った動画をね、ウチのマネージャー経由で見せてもらったんだけど、3才くら

REC！！
これはさすがに
言いたいだけですよね？
RECってカッケーとは思います。でも、RECて…。
ちゅーたまん

大丈夫、ちゃんと代名詞になってますよ。
一度見たら忘れられない
ちょうどいいダメ加減です。
お尻を出して3年目

いの息子さんが「ぷしゅー！」ってやってんのよ！ 日村さんのお子さんじゃなくてマネージャーさんの息子さんね？ で、本を読みながらごにょごにょなんか言って、最後にカメラを手の平で隠しててさ。俺のマネしてんだって！ ユーチューバーとして正式に売れたと思ったわ！ めちゃくちゃ可愛くない？ ありがてーわ。とにかく嬉しかったんだけど、俺、あんなにごにょごにょ話してるのかな。最初と最後以外はまったく聞き取れなかったんだよ。

あと、本を読むっていう動画、俺やってねーのよな。子どものアレンジ力すげーわ。いやでも子どもがマネしてくれんのはデカいね。定着させてくれ息子さん！ 子ども人気、欲しいもん！ Eテレ出たいし！

マネしやすいってオリジナリティーでしょ。あと、俺の動画は編集してないし、加工もないから、そこもオリジナリティーの部分だね。

そういうのに頼らないんだよ、俺は。何時間も動画撮って5分とかにすん

3才児にバチボコいじられてる！
小豆（こまめ）

子どものためにやってあげて！
地底の天使

カッケー風に言うけど編集できないだけちゃうんかい！
ともりん

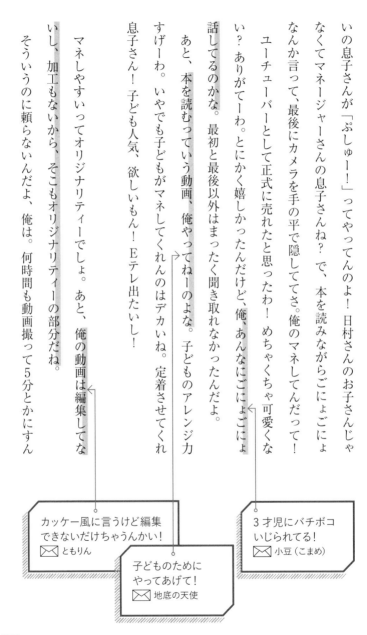

だろ？　効率悪くないか？　自分の動画に自信ないのかと思っちゃうね。

だってテレビで考えたらとんでもないことだよ？　30分番組で150分も回す必要ないだろ？　取れ高が全然ないのかって、こっちが不安になっちゃうよ。編集・加工に頼らなくていいならそのままでいいんだよ。

俺なら5分の動画は、5分で撮るね。これなんだよ。うんまい寿司に醤油ベッタベタにつけるやつイヤだろ。俺はネタの部分に醤油をサッとつけるだけ。それか塩でいただくね。素材の味、楽しみたいもん。

YouTubeは寿司ネタと一緒で、鮮度が命なんだよ。何回も包丁入れたり、せっかくの新鮮な魚に色々手を加えちゃダメ。そりゃ美味いよ？　ある程度は。ただこっちは、スッと包丁を入れて、すぐ握りで提供するから。あなたの掌に直接乗せるタイプのやつね。これにかなうやつないから。

すぐに食べてくれよ？　味落ちちゃうからね。そういうこと。

これはガチでカッケー。
しびれる。嘘です！
トウマ

かっこ
つけんな！
匿名希望

相田さんの場合は、
「生きた魚を丸ごと
そのまま渡してくる」
って感じかと思います。
やっこ

素人だし、喉は爆《は》ぜたけど、音楽だけはガチでやるっしょ。

『Standby』皆さん聴いて頂けました？　あ、ワタクシ相田のデビュー曲です。控えめに言って最高でしょ？　さすがに歌出すと思わなかったでしょ？　これがしゅーじまんプロジェクト第二章。フェーズ2です。こっから度肝ぬきまくるからしっかり定位置に固結びで固定しておくんだな！

いやでも、大変だったよ。曲なんて出したことないんだから、どーすりゃいいかわかんないじゃん。最初はYouTubeの中で歌うだけの動画を撮ってみよう、くらいの考えだったんだけどね。調べたらiTunesって審査がおりれば誰でも曲出すことができてさ。ってことは審査相当厳しいん

なに普通にいい曲を作ってんだよ！！
ユーロステップ

いや欲がにじみ出てる！
玉田

じゃない？　とか思ってたらあっさり審査通って。え？　激ゆる？　名曲認定されたのか？　まあどっちにしても通っちゃったからリリースしてみたんだわ。

とにかく、みんな聴いてくれて、本当にありがたい。名曲ができちゃった以上、この曲をみんなのもとに届けるのって、もうこれは義務だからね。

ちなみにある日に俺がｉＴｕｎｅｓのランキングを調べた時はね、なんと44位「Ｓｔａｎｄｂｙ／しゅーじまん」で、45位が「紅蓮華／ＬｉＳＡ」、46位「Ｌｅｍｏｎ／米津玄師」だったからね。我ながらアッパレです。サブスクも色々なところで配信してるから聴いてみてね。

Ｓｐｏｔｉｆｙの公式のプレイリストにも入れてもらえてさ、俺の曲は「タレント」カテゴリーに入ってる。カテゴリー説明文には「Ｔａｌｅｎｔ―物語を紡ぐように歌われる役者たちのまっすぐな歌。音楽に必要なのは技術だけではない。ここにあるのは圧倒的な表現力」って書いてあったわ。ちょっ

ひとつ言わせてください。
名曲をアップしてくれて
感謝しています。これは
マジです。でも最後の「義務
だから」はちょっとウザい！
✉ 木曜日のチンパネラ

いっちょまえの
アーティスト的発言！
✉ 空海

と前に「まだ結婚できない男」っていうドラマに俺出てたから、そこでの役作りが評価されたのかな？

でもホント、ガチで真剣に音楽と向き合ったからね。ボイトレも通ったし。新宿の「ボイスラボ」ってとこ。先生に名刺頂いたんだけど、肩書きに「ボイスビルダー」って書いてあったね。「我、声を創造するものなり」ってことでしょ？ ホント、頼りになるよ。

青山テルマを若い頃から育ててる人らしいよ。〝ベイビーボーイ♪〟時の青山テルマだよ。あとシシド・カフカも来てるって。スカパラと曲だしてたよね？ 「リメンバー・ミー」だわ！ あの映画観た？ 相当面白いよ！映画の中でかかる曲、全部いいよ？ で、あれの日本版エンディングテーマを歌ってるのがシシド・カフカね。リメンバー・ミーを育てた人じゃん。グランマだ。グランマにおれはボイトレ教わったわけだ。とんでもねーことだ。

グランマ先生に60分みっちり声の出し方を教えて頂いたんだけど、教わる

主要キャスト面しないで！
クソみちょゴリラ

最強 R&Bモンスターのときね！
ミニマルモリモリ

近年まれに見る話の脱線具合！
チョボ

前とは明らかに違うのね、声の伸びが。だいぶビルドアップされてんのよ。

　ボイトレの様子はしゅーじまんチャンネルに上がってるからそれを観てくれ。急にレッスンが始まったからカメラの角度とかも調整してない謎の映像になってるけど、気にしないでくれ。グランマの姿を1回も捉えてないけど、それも気にしないでくれ。とりあえず喉のストレッチ3つ盗んで帰ってきたんだわ。しっかり目で盗んできたんだわ。

　でいよいよレコーディングなんだけどさ、その直前に1個収録があったんだよね。よりによってその企画が「チーム対抗・どっちが大声出せるか」っていう内容なの。いや、俺このあとレコーディングよ？　全然把握してくれてないんだよ、スタッフが。レコーディングないと思ってんだよ。あるのにレコーディング。どーしてくれんのよ、喉が枯れたら。でもこっちもチームのキャプテンだから、本気でやるじゃん？　そしたらよ、ちゃんと爆発した。喉、爆《は》ぜた。そのままレコーディング。終わりだろ。

いや喉で
盗んでこいや！
シセ

待て待てボイトレ
超絶不足、不足ぅ！
大黒バラシ

当たり前だろ！

かふかふかふか

ブースの中にマイクが立ってるような正式なスタジオで録ってきたよ。ZARDの「負けないで」のMVで坂井泉水さんの前にあるみたいなマイクの前で録ってきたよ。喉爆《は》ぜてんのに。グランマから盗んだ技を駆使して90分フルで歌って……やっと完成したのが、「Standby」。関わってくれた色んな人の顔を思い出すな。グランマ先生、青山テルマ、米津玄師。うん。

そうやってできた曲をさ、菅田将暉がラジオ番組でかけてくれたんだよ。感無量よ。初解禁だよ？ラジオ聴いてたけどちょっと信じらんなかったもんな。ありがたいよ。菅田将暉×Creepy Nutsのコラボ曲のフルオンエアーの日のラジオでだよ？男前すぎんだろ。

YouTubeでMVとリリックビデオを公開してるから、よかったらチェックしてほしい。少しでも多くの人に届けたい。音楽はガチだから。笑いとか一切ないからね。馬鹿にする奴いたら……すごく怒るよ？

しゅーじまんプロジェクト第二章、止まんねーから。

いや「REC」どこいった！
忘れんな、「REC」を！
ちゅーたまん

全体的に、なんか楽しそうすぎてツッこめない！
ぞうさんのポットキャスト

地下ハウスとか、インドの猫的な、俺にしか撮れない動画を撮る。

他の人のYouTube動画を参考にするかって？

俺は動画を撮るにあたって人の動画は参考にしない。他の人の動画を観てしまうと、知らないうちにその動画のテイストが自分の中に入ってしまってオリジナルの要素が薄れるからだ。これでは他人の二番煎じになってしまうし、YouTubeの支持母体もついてこない。その人にしか撮れない動画が視聴者の求める動画だ。俺はここを追求したい。やるからには独自路線でテッペンとんなきゃ話になんねーだろ。

とはいえ、YouTubeは観るよ？ 勘違いしてほしくないのは、カブ

誰も問うてないよ！
コオロギ丸

柔軟な姿勢にスターの貫禄を感じました(*^^*)
いとえり

らないようにするために観てるってことな。オリエンタルラジオの藤森くんのチャンネルとか、水溜りボンドのチャンネルも観る。水溜りボンドはラジオでも共演したし、カンタは飯食いに行った仲だからよく観てる。

水溜りボンドといえばチャーハンのやつ知ってる？ 食品サンプルのどでかいチャーハンのやつ。あれ買ったら42万3千円だって。いかつすぎるだろ。米TIME誌に載ったやつよ。これは尊敬するね。海外誌デビューは凄いよ。ただ〝中華鍋男〟って名前で紹介されてたよ。怪人じゃん。マーベル的な扱いなのかな。

「あのどでかチャーハンのサンプルくれ」ってラジオで言ったらファンの方に怒られたなぁ。あれは水溜りの象徴だからダメだって。聖なるチャーハンなんだと。そこにあるべきものを貰おうとするなと。聖チャーハンを異端児に触れさせたくないと。

「無理やり」が抜けてるぞ！
グラマンギッセル

相田だったら“拳突出男”だろうな。
がんばりまショウヤ

これは完全に同意です！
地球儀マニア

いや俺も本気で言ってないよ！　だってあれ重量23ｋｇなんだって！　貰ってどうすんの？　飾るにしても場所を選ぶし。キッチンにあったらそれはそれでカッケーけどな。すみませんお騒がせしました。チャーハンサンプル、今トミーの家にあるみたいだからトミーん家に行って動画撮ろうかな。

あと俺と同じように「オリジナルを極めてる動画」はめちゃくちゃ観てる。俺が好きな動画は海外のジャングルみたいなとこで男２人がなんにもないただの地面を掘っていって、地下に部屋をつくる動画ね。

木の棒で土を掘っていくんだけど、あれどんだけかかってんの？　かなりの時間掘って、その掘った土を家の外に出しながら、どんどん深く掘っていくんだけど、その途中途中でテーブルとかイスとかの形を作っていくんだよ。ちゃんとリビングもあるし、寝室も掘りながら成形してくし、寝室に灯りをともすための棚とかも掘るんだよ。で、動画によってはプールとかも作って

素直に謝る相田さんのその姿勢に皆共感してます。もうちょっとイキれ！
✉ コールスローおかわり

これは相当そそる紹介文。ですがその後を読み続けてもよくわからなすぎたので、動画観てしまいました。
✉ くわっちょ

さ。水は竹みたいなのでちゃんとひいてきて、地上から穴に入ったらそのままスライダーでプールに入れるようになってたり。自然の染料みたいのを作って壁に塗ったりして。もうこれはアートだね。1DKプール付き物件。どこで売りに出てる？ アパマン？ 住みてーわ。最後に2人が灯りがともった寝室に入ってって終わる感じもいいね。これは観た方がいい。

あとはこれも海外なんだけど、インドのレストランで店員が料理作って提供する動画も観てるね。インド人が目玉焼き作ってんだけどさ、でっかい鉄板にレンガみてーな大きさのバターを乗せんだよ。で、バターの池ができあがんのね？ そしたらそこに卵を入れるんだけどね、何個入れると思う？

まさかの1個。1個の量じゃねーから！ 1個に対してあんなにバター使う!? 卵10の量だよ！ で周りの池のバターを卵にこまめにかけてって、なんか調味料みたいのもかけて皿に乗せる。余った池のバターあんじゃん？ パ

絶対出てない！
アパマンで出てたら
僕だって住みたいです！
地球儀クン

地下ハウスと比べてわかりやすい説明！ ワロタ！
きいち

ンで拭くんだよ。パンで拭くの⁉ で、目玉焼きと一緒に皿に乗せて完成。

そりゃ世界観変わるわ。

ちなみに卵焼きも作るんだけど、卵焼きになると卵2個になります。バターの量は変わりません。変えろよ。で、最後にインドの野良猫が歩いてるところが流れて終わる。「このラスト必要⁉」と思うじゃん？ これが必要なんだよなー。これがいいんだよ。これがあるのとないのじゃ雲泥の差なんだわ。最後に料理じゃないとこを映してくれるんだよね。野良猫の場合もあるし、レストランの中で寝てる犬のパターンもある。かわいー。ものすごくインドを表してるインサートだと思うわ。これは見習いたいね。

俺が観てるチャンネルはこんな感じ。参考にしようにもできないし、ただただ楽しませてもらってるって感じ。そう、この感じを俺も出したいんだよね。観てる人がただただ楽しんで終わるってだけの動画。これで俺はテッペン目指すよ。地下ハウスもインド卵もブチ抜くからな。待っとけよ。


不覚にも爆笑してしまい、ツッこめませんでした。

ピーマン太郎

暗闇でカロリーメイトを食べたり氷をボリボリするのは狂気を感じる上に謎ですが、あれは方向性としてあってるんですか？

黒猫の団子

Wi-Fi？　いや有線だろ。目に見えないモノには頼らない。

俺のゲーム実況を撮影してる「趣味部屋」の話。

そこで初めてゲーム実況してみたんだわ！　そしたらさ、「インターネットが不安定です」って、画面のところどころに出るわけよ。気にせず50分くらい撮ってたんだけど、一応、不安だったから映像を確認したらさ、40分以上画面が真っ暗……。どーなってんだよ！　真っ暗の画面の実況してんだよ俺！　頭いかれたと思われるよ！

でさ、「これ趣味部屋のドアを閉めたせいじゃね？」と思って、扉を開けた状態でやってみたんだよ。でも……再び真っ暗なのね！　え、なんで？

ここまでずっと読んでてすでにそう思ってます！
Kenty

いい気味だな！
カイト

ＰＳ４で電波強度を確認したら、83％だって。これは……強い？　弱い？　初めてすぎてどっちかわかんないんだよ。つーか83％ならさ、割合からいって40分ちゃんと撮れてて10分真っ暗じゃないとおかしくない？　40分真っ暗は、電波強度20％じゃん！　絶対！

とにかくよくわからないから調べてみたら、これってめちゃくちゃ電波弱いらしい。なぜ？　ルーターからこの部屋まで隔たりなんてないよ？　ワンフロアー繋げないってあんの？　いや豪邸ならわかるよ？　そんな広くないぞ我が家の総面積！　街のフリーＷｉ‐Ｆｉじゃん！　激弱すぎだよ！

もうルーター買いに行くしかねーと思ってヤマダ電機に行ったよ。

店員さんに「とりあえずサクサクにゲームがしたいんだ」という熱い想いを伝えつつ、電波が安定するやつをお願いしたらさ……とんでもなくデカいイカツいやつが出てきてさ、これがもうスゴいわけ。アベンジャーズの４次

一瞬、これは非常に正しい指摘だと思いましたが、よくよく考えたらあまり理にかなってなかったので、ガッカリしちゃったよ！
✉ 再度チェスト

いっつもヤマダ電機だな！
それかフランフラン！
俺も相田さんにこれだけ頼られる存在になりたい！
✉ 熊んバチ

元キューブが置けるくらい、前衛的なモデルで、ゲーミングルーターってやつ。電波とらえるアンテナみたいのが8本立ってんの。多すぎない？ パルテノン神殿じゃん。どんくらいの広さに対応してるか表記されてるんだけど、「3階建て5LDKにも対応」だって。豪邸モデルすぎる。

まあでも、大は小を兼ねるからさ。買ったよ。神殿4万円。高っ！ いや、神殿だと思えば安い！ もうこれ買えば安心だよ。だってうち2階建て5LDKだもん。絶対大丈夫。

でね、ワクワクして神殿構築して、玄関に置いて趣味部屋のPS4の電波強度確認したらさ、96％なのよ！ 格段に強くなってる！ これはゲーム実況やってみるしかない！ と思ってやったらさ……「インターネットが不安定です」って……。不安定じゃねーよ！ 96％だぞ！ こっちにはパルテノンあるんだぞ！ アテナ祀ってるんだぞ！ 助けてくれよ。女神の手も届かないの

買うよね！
絶対買うと思った！
俺たちを裏切らないな！
信号黄色ばっかり

一番不安定なのは、
しゅーじまんの情緒！
いはら

かよ。

扉1枚だけよ？ それも開けてんのよ？ 4％の差ってそんなデカいの？ 残り96％でそれ賄えない？ 小が大に大勝ちしてんぞ……。

仕方がない。よりルーターと近くなるようにPS4をリビングに戻して、繋ぎ直してみる。電波強度をチェックすれば、なんと100％だ。ゲームもサクサク。それ以降、「インターネットが不安定です」の文字を見なくなった。


でもさ、たしかに文字は見なくなったんだけどさ、ほんの数メートルだよ？ こんな劇的に変わるんだね。え、アテナって狭域の女神？ アテネ全域の女神じゃないの？ 広域見守ってくれるんだよね？ 範囲狭すぎるよ！ 神殿もっと大っきくすれば趣味部屋にも電波届く？ ガチパルテノン建てなきゃダメ？ 趣味部屋でゲーム実況すんのはもう無理なのか？

諦めるか。あ、有線で繋ぎゃいいのか。解決。


相田さんが悪戦苦闘する姿を想像したのですが、なんだか心がスッとラクになりました！ ありがとう！

どんずべり

なんで題名にオチを書いちゃったのよ。

春眠以外も暁を覚えず

相田's RULE
Part.3

カッケー遊びが俺を成功に導く。

六本木のクラブでジーマはノー。相田家でボードゲームが至高。

一人暮らしの醍醐味、それはいつ何時《なんどき》、人を家に呼んでも、誰にも怒られないことね。そして酒を飲みながら、きゃっきゃとボードゲームを楽しめちゃうということ。

ボードゲーム、マジで楽しすぎるだろあれ。後輩芸人を呼んで夜な夜なやってんのよ。まじあっという間に朝な。あ、ボードゲームってわかる？　わかるよね？　人生ゲームとかモノポリーとかあの手のやつ。

で、最近ハマってるのが「カタン」ね。

……いや超有名どころだな！　とか、今さらかよ、とか思わないでよ⁉

いいからさっさと寝ろ！
こっちん

後輩芸人がかわいそうだろ！
はるの起床時間。

1周まわってだからな？　あれマジでおもろいから。家に山下健二郎（三代目 J SOUL BROTHERS from EXILE TRIBE）を呼んでやったからね？　ヤマケンがハマりすぎてその場でアマゾンでポチッたくらいだから。

どんなゲームか簡単に説明すると、資源を手に入れて、開拓地を建てて、街道を造って貿易して、都市建てて、みたいな。ルール複雑すぎて説明ムズ過ぎるから、やったことない人向けにひと言アドバイスするとしたら、「羊毛を制せ」ね。ヒツジ大事。1回やってみ？

あとカタンの他に「スコットランドヤード」も楽しいよね。あ、これも1周回ってな？　定番しかねーじゃんとか思わないでよ？　まじで。

これはルールがわかりやすい！　ひと言でいえばボードゲーム版のドロケイ。犯人のいる場所を推理して追い詰めてくんだけど、キレ者がいないとダメね。ザル捜査になっちゃうから。踊る大捜査線の室井さんくらいの人がい

もうちょっとだけでいいから説明上手にして！お願い！
ToMaTo

定番しかねーな！頼むよ！
ブラ美

れば余裕。まあ俺が犯人だったら室井さんもお手上げだろうけどね。

もうね、マジで六本木のクラブで酒飲んでまやかしの楽しみに浸ってるやつらに教えてあげたい。カタンとスコットランドヤード。ジーマ買ってきてウチ集合してみ？ クラブなんかより数百倍楽しいから。クラブ行ったことは、ほぼないけど。脳汁わんさか出るよ？


で、俺くらいになると新しいボードゲームに手を出して、なんならそのゲームのパイオニアになりたい的な欲も出てきちゃってるのよ。先駆者になりたい欲というか。だから未知なるゲームを探しに行くのよ、ロフトに。そしたらロフトで、店頭POPで煽りに煽りまくってるゲームを見つけちゃった。「ラブレター」っていうんだけど、売り場でひと際目立ってるのよ（当時ね。今も新しいボードゲームの探究心はやばいから。マジで）。

ロフトの店員さんが「お客さんここ手出しします⁉ ツウっすね……。粋だ

室井さん、マジでこの人
地の底まで追いかけ回して
捕まえてください！
カッケーカッケーって
うるさいんです！！
✉ カナブンブン

店頭でめちゃくちゃ宣伝
されてるやつ買ってる！
もっと人目につかないよう
なのを掘り出せよ！
✉ NICO

なぁ」みたいな表情するわけ。期待ふくらむじゃん。

で、買って。家にラブレターズの塚本を呼んでやってみたのね。ルールは割と単純で、宮殿に仕える者を利用してお姫様にラブレターを渡すカードゲーム。すごくロマンチックじゃん。嫌いじゃないよ。

よしラブレターを始めようじゃないかラブレターズ塚本くん。ややこしい。説明書を読みながら塚本と進めてく。「これで手札を引いて……」初めてのゲームはちょっとドキドキ。高揚感があっていつもより楽しい。

「あ、勝ちました」

え？　始めて1分もたってないのに、どういうことよ塚本。なになに、説明書を見れば、確かに負けたみたいだ。まあいいよ、次の勝負だ。次は勝ってやるぞ。

「あ、勝ちました」

もう、買う時点で
塚本さんを呼ぼうと
思ってたんでしょ？
黒猫の団子

なんだか文章にリズムが
生まれた！文豪が上達してる！
クウラ

1分後、再放送。どーなってんの？　楽しみ方がよくわからない。なんかすぐ脱落させられて終了。姫にラブレター渡せず終わり。つーかラブレターを渡すみたいなすごい素敵な設定がイマイチ生かされてないよーな。もっとドキドキさせてくれよ。

ん～、仕方ない。ラブレターと一緒に買ったUNOでもやるか！　結局ね、UNOが至高だわ！　スキップ！　ドローフォー！

あ、ドローフォーにドローフォー重ねて出すの公式ルールで禁止だったらしいよ！　なんでだよ！　あのドキドキ感がいいんだよ！　俺は出すよ、ドローフォーにドローフォー！　パイオニアだから！

ラブレターガチ勢ですが
わりと同じ感想です。
LoveP

UNOの安心感
絶大すぎる……。
岩永

どこがだよ！
やめちまえ！
匿名課長

欲望には忠実に。VRならやっぱり「FANZA」っしょ？ だよな？

一人暮らしをしていると当然、家で話す相手がいない。そこで後輩を呼んで鍋をしたり、ボードゲームをしたりはするけれど、さすがにそれも毎日するわけにもいかない。鍋の種類も尽きてくるしな。

こうなると、口うるさい母ちゃんですら懐かしく思えてくるもんだから不思議だ。実家にいる時は散々、鬱陶しいと思っていたはずのあの母ちゃんの小言を、なぜだか欲している俺がいる。やっぱ母ちゃんって偉大なんだな。母ちゃん元気してるかい？

まあそれはおいといて、とにかく一人暮らしってのは家で誰とも触れ合わ

それは相田さんのさじ加減です！
犬顔の猫

遠く離れた地方から上京した感出してるけど同じ都内じゃねーか。
ドッテン大豆

ないものだ。さみしいわけでは決してないが、強いて言えば、もっといつでも誰かと触れ合いたいんだよ。触れ合いを欲してる俺が、いる。

そんなことをずっと思っていた俺、相田。ある時、ソニーさんからお仕事で戴いたプレイステーションVRのソフトが目についた。『みんなのゴルフVR』と、『ライアン・マークス リベンジミッション』。おっ、そうかなるほど。コレだ！　VR空間が俺のさびしさ……いや、触れ合いたい欲を満たしてくれるんじゃないか⁉

PS4はもともと持っていたが、この時の俺はVRゴーグルを持っていなかった。逆に言うと、ゴーグルさえ買えば俺は満たされるはずだ。そんなことを考えながら、俺の足はもうヤマダ電機に向かっていたってわけ。

渋谷のヤマダ電機に到着。ゲームフロアに行き、直接レジへ。プレイステー

唐突な自己紹介にビビる俺、読者！
✉ かちどきは昨日だった

「信じるか信じないかはあなた次第」的な口調！てか何回ヤマダ電機にお世話になるんだ！
✉ トップミート

ションVRを購入する旨を伝えると、店員さんが商品を取るためにレジ裏へ。

そしてVRの入ったでっかい箱を持って来てくれた。

いよいよだ。自然と笑みがこぼれてしまう。たまんねーな、これ。

ん？ ちょっと待てよ。マズいな……。この光景を俯瞰で見たら、VRでエロ動画を観ることが楽しみすぎてニヤけてるヤツじゃないか。きっと店員さんもそう思ったに違いない。なんだか目を合わせないようにしてるし。

店員さん違うんだ！ 俺は触れ合いたいだけなんだよ！ ゴルフと、潜入ミッションがしたいだけなんだ！ エロい気持ちなんて一切無いよ！ 俺はなんとか自制心をコントロールし、ニヤけ顔から真顔に戻った。よし、お会計だ。

さて、これでVRを視聴できる環境は整った。楽しみすぎる！ 自宅に戻り、胸の鼓動の高鳴りをしかと感じながらプレステを起動する。

なあプレイステーションVRよ！ 心置きなく触れ合おうじゃないか！

俺を存分に満たしてくれよ！ キミならできると信じてるよ！ なっ！


誰もがそう思ってる！

絶対だよ！

かりんちょ

説得力のなさ！

ユナ。


オ○ニーだな！

もう絶対オ○ニー!!

ダンボール伯爵

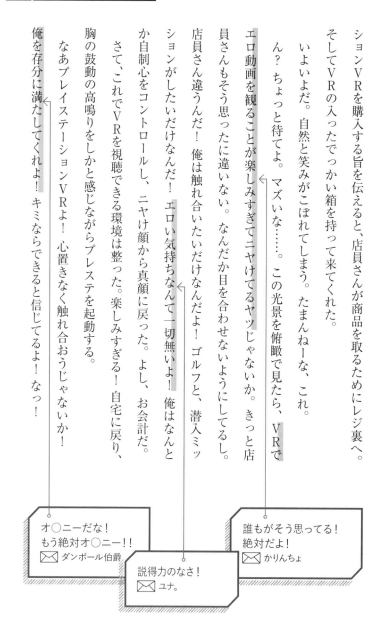

さて、どっちのゲームをやろうか迷うな……。ゴルフか、潜入ミッションか……。ゴルフか、潜入ミッションか……。ゴルフか、潜入ミッションか、それとも……。

実を言えば、さっきから俺の頭の中をあるひとつの単語が駆け巡っていた。

……あぁ、くそっ……もうダメだ！　逃れられない！

ＦＡＮＺＡ！

ゴオォォォォ……。俺の天空の自制心が音を立てて崩れていく音が聞こえた。続けて『君をのせて』も聞こえてくる。自制心くずれました。

まあ、やっぱＶＲって言ったらこれだよな。うん。言ってみれば、これこそまさに触れ合いだもんな。漢ならこれを観ないと始まらないよな。うん。

はやく FANZA やれ！
もうバレてんだから！
匿名課長

これが醍醐味に
決まってるぅ！
海月

すごく効果的な
呪文の感じ！
耳が6つの男

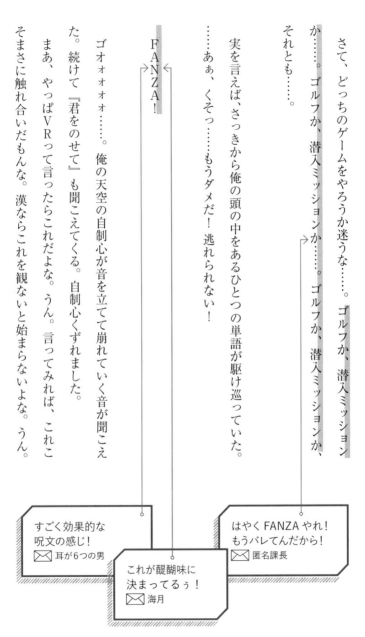

FANZAだわ。

……ふぅ。満たされたよ！　最高だぜFANZA！　あっぱれVR！　とんでもない空間にいざなわれてるよ！　目の前に…………。

すいません。興奮しすぎました。いやこれダメだなぁ……どうにかして区切らないとずーっと観れちゃうわ……。

よし。ルールを決めよう。みんなのゴルフVRの1ホールを終えるか、ライアン・マークス リベンジミッションの1ミッションをクリアしたら、FANZAの1作品を観ていいことにしよう。そうしよう。

とまあ、これが俺とVRのファーストインパクトなのであった。触れ合いって、大事だよな。

賢者モードでコラム執筆するな！
陳謝エール

一生観てて OK っす！
泥水すすり隊

ドヤ顔で言うんじゃないよぉ。
36才無職

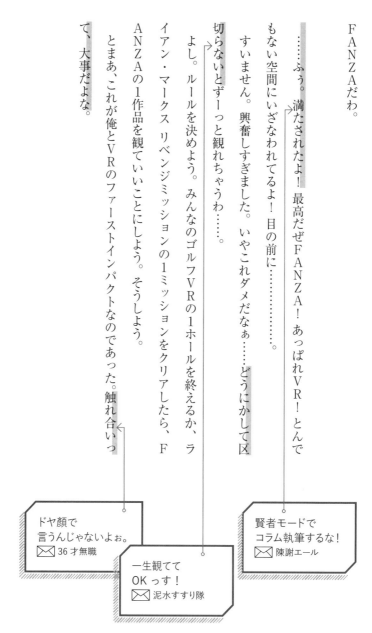

ガキの頃から憧れてたモノは絶対に手に入れる。あと崇める。

これまたある日のお話なんだけどもね、俺、超激熱アイテムを発見しちゃったんだわ。すまん。

ただね、これマジでやべーんだよ。コイツを見つけたのは、いつもどおり渋谷のインテリアショップを見ていたときのことね。俺にとってはもう、インテリアショップを定期的にまわるのが日課になってんのね。これが30代の大人。シビれるよね。

でまあ、何を買うでもなくふらっと見てまわってたんだけどさ、久々にひとめぼれしたわ！　ひっろいお店にひっそりと置いてありながらも、それは

カッケー人はそういうこと
公言しないと思います！
カッケーくない！
相田最高！

アガメル？
ルビ振ってくれ！
キーマ君

もう抜群の存在感を放ってたのよ！

それが「Dimplex の電気暖炉」ね！　おれダンロ好きなんだよー！　みんなも暖炉好きだよな？　つーか憧れるじゃん？　コレがさ、とんでもなくよくてね、電気暖炉だからもちろん温風が吹き出し口から出るんだけど……ＬＥＤがね……めちゃくちゃリアルな炎の動きを再現してて。木炭が赤く光るあの感じも、そりゃたまんねーのよ！

キャンプファイヤーしてるときって、燃えてる炎をずっと見ちゃうアレあるじゃん？　なーんにも考えないでボーッと見ちゃうアレ。アレがさ、家でできんのよ。スゴくない？　実際俺、ずーっと炎見てんのよ。今、目の前に電気暖炉を置いてこの原稿を書いてるよ。あ、ごめん、そういえば言ってなかったけど、そりゃもう即買ったよ？　買わないと一生後悔するやつだから。買わなきゃ絶対後悔するから。

で、さっきも言ったけど、今原稿書きながら炎を見てる。ホントはずーっ

「中学のときはヤンキーだったけど今は社長やってます」的な人が憧れるやつ。
神山章大

さすがは相田さん！
こうじゃなくっちゃ！
ポトフの魔神

と炎を見てたいけど、書かなきゃなもんで、しょーがなく書いてる……。あー、ずっと炎を見ていてぇ……。

そんでコレのいいところがさ、温風を出さなくてもＬＥＤだけ発動させられるとこね。あったかい時期でも使えんのよ。マジ部屋にこもるね、これは。でね、これを部屋に置いてこないだインスタ見てたらさ、広告が流れてくるじゃん？ そこで魅力的なのが流れてきてさ。うわ！ これめちゃくちゃ欲しい！ と思ったんだよ！ それが「バルミューダのＬＥＤランタン」。俺ランタン好きなんだよー！ みんなもランタン好きだよな？ 俺ね、昔ディズニーランドに行ったときに、カリブの海賊のお土産ショップでランタンを買ってくれって母親におねだりしたくらい、ランタン好きなんだよ！

コレさ、テーブルの上に置いたら最高よね？ でその部屋に既に電気暖炉あんだよ？ 部屋暗くしてさ、ランタンと暖炉の炎の灯り（明かりじゃなく

> 正直なお人だこと！
> ✉ サンタの父

> あの、すみません。
> ツッコミではないかと思いますが、想像したら可愛すぎてドキドキしました。
> ✉ くろねここ

「灯り」ね）のみにしたら……もうバンガローだよな！ 俺キャンプ好きだから憧れんだよ、バンガロー！ 知ってるよ、お前らも好きなことは！ 俺ら男の子は絶対好きなやつだもんな！ バンガロー。バンガロー。響きもカッケーわ。「オレん家バンガロー」だもんな。まいったね、こりゃ。

つーかさ、俺ようやく気づいちゃったんだけど、なにがすげーってLEDってすげーよな。なんでもできちゃうじゃん、LED。俺マジでハマっちゃいそうだわ、LEDという存在に。LED様々だわ本当に。もはや崇めたいわ。本格的に崇めたい。うん。

……ちょっとごめん、もうガマンできないから、原稿はこれくらいにしといて、炎見てくるわ……LEDの。あーマジ最高……。

いいからシ〇シ〇して
寝てろ！
頼むな？
✉ くわえタバコ将軍

いや絶対 FANZA も
観てるだろ！
✉ 陳謝エール

秘密基地を追い求めろ。桑野になれ。っていうかなる。

あー、俺、相田周二の出演したドラマ、みんな観てくれた？　ちょっと前のことでアレなんだけどね、俺ってアレじゃない、阿部寛さん主演『まだ結婚できない男』にキーパーソン役で出させていただいたじゃない。あんまり詳細を書くとまだ観てない方々に悪いから（ネタバレってよくねーもんな）控えようかとも思ったけど……関係ないね！　大和貴史こと「やっくん」が俺なのよ！　このドラマで主人公とヒロインをつなぐきっかけとなるキーパーソンよ？　震えるだろ？　阿部寛さんと吉田羊さんとも絡めたし、ありがたすぎたなぁ。目の前にあの「桑野信介（阿部さんが演じる主人公）」がい

いやどんな
始まり方よ！
仮名ブン

この嘘みたいな事実は
なんだよ！
この世界イカれたのか？
はるの起床時間。

るのよ？ ナマ桑野！ 皮肉屋！ 偏屈者！ 感動した！ カンテレ（制作の関西テレビさん）の方々ありがとうございました！

でさ、キーパーソン役である俺自身もあたりまえのように毎週楽しみに観てたわけなんだけどさ、やっぱ桑野信介ってのは、男から見ても魅力的なんだよね。仕事はもちろんできて、頼りがいもあるし、たいていのことは一人でやれるし、空いてる時間には趣味のクラシックをかけて指揮棒を振って自分だけの時間を過ごしててさ。あこがれちゃうわけよ。

だからさ、一人暮らしの俺も一人の時間を有意義に過ごす大人になりたくてさ、趣味に没頭できる部屋つくっちゃったわけ。なんか足んねーなと思ってたんだけど、これだったわ。趣味に生きる時間と部屋よ。

男だったら誰しもが一度はあこがれる、秘密基地的な「好きなモノに囲まれた部屋」、つくりたいじゃん？ 所さんの世田谷ベース的な部屋。マジかっけーわ。今回は俺の秘密基地を作り始めたときの話をするね。

いよっ！
キーパーソン！
釜玉愚鈍

有意義に過ごす
未来が見えない…。
麗子

あまりワクワクしない
導入だな！
熊んバチ

つーことで家具屋めぐりをして、理想の部屋づくりを着々と進めてたんだけど、これさ、こだわりだしたら止まんないんだわ。俺は「キャンプのテントの中」みたいにしたいわけじゃん? 照明はちょっと暗めで、入っただけでワクワクする感じっていうの? 好きなモノが手の届く範囲にギュッて、所せましとある感じ。俺はアレを目指したいのよ。わかる? わかんねーよな。でも続けるね?

家具はなるべく背を低くしたいじゃない。だって、広々とした空間を演出したいから。とりあえず1人掛けの背の低い椅子を買ったのね。あと、ゲームもしたいから、テレビとテレビ台を買って。もともとあった棚にはボードゲームとか漫画とか、好きなモノだけつめこんで。

とにかく楽しいのよ。配達業者の人がインターホンを鳴らすたびに、部屋に家具がひとつずつ置かれていって、俺の部屋が完成に近づいてる感じがたまんねーの。冬になったらコタツもほしいなー。目星つけてるのあるんだわ。

ここぞという時のために
取っといた大声で言おう。
知らねーよ!!
ゆりかご

相田さんお得意の倒置法、
だいぶ長めの文章で
見せてきたー!
河合ラモーンズ

明かりは電球もいいんだけど、ランタン的なの置いたら最高だな。

で、まだまだ完成ではないんだけど、ある程度は形になったのね。休日に部屋でゲームしてみたらもう、快適なわけよ。もうさ、いくらでもいれちゃうね。快適カイテキ。

桑野ばりに自分だけの時間を謳歌してさ、メシも食わないでひたすらゲームに没頭してさ、気づいたら日が沈んでる。桑野さん、1人の時間を有意義に過ごすってこういうことですよね？ あー、次の休日が待ち遠しいよー。

いやぁ、とにかくね。趣味の部屋をつくるって最高だわ。うん、とにかくなんというか最高。王様の気分になって思うがままに配置を決められるひとり暮らしってイイよね。まだまだ完成はしてないし、完成することはきっとないだろうな。「もっと、もっと」ってなっちゃうから。

もっともっとこだわりたい。家具とか家電とか、あとほかにも……。

なんだか字面がこざかしい！
苦ック

絶対に違うと思います。楽しそうですけど。
ティムラ

ディズニーランドか！
ぽぽみ

いや！　まだまだ完成してない部屋でガマンできずに趣味に没頭してたら、ただただ部屋に引きこもってゲームばっかしてるニートみたいな相田になって、悪いか！

悪くないけど、
ドヤ顔で言ってそうでイヤ！
玉野浦ごんざぶろう

スピーカーにはとことんこだわる。で、ダイハードは何度でも観る。

ずーっと思ってることあんだけど……ＢＯＳＥのスピーカー欲しいんだよなー。音こだわる人ってカッケーと思うし、海外ドラマとかスピーカーつけて家で観たらブッ飛ぶと思うんだわ。唐沢寿明さん主演の『24 ＪＡＰＡＮ』も始まったしね。観たいよね。

前々から欲しかったんだけど、なかなかな値段なもんで、安易に手出せなくてスピーカー熱もちょぃ下がり気味だったわけよ。ＢＯＳＥで手頃なのも全然あるんだよ？ ただね……妥協したくないのよ。妥協しない男ってやつ？

音「に」なっ！
瓦版売り切れ

なんだか急な名古屋弁の感じに震えた。
チックタックトック

で、欲しいのがさ、左右のスピーカーとウーハーで各々7万5千円だったのよ。合計22万5千円……。うん……。いや、買えるのよ？ 俺を見くびらないでほしい。買えるんだけど初めてのスピーカー購入でこれいくべきなのか？ とか考えちゃって結局手を出さなかったんだよね。

そしたら、あるときうちらがやってる番組「Ｄｅａｒボス」でね、あ、いろんな会社の社長（ボス）に会う番組なんだけどさ。「オオアサ電子株式会社」っていう広島にある、液晶とかスピーカーとかを扱う会社の社長にロケで会いに行ったのよ。

最初に社長の自宅からロケがスタートしたんだけどさ、めちゃくちゃでけースピーカーがあって。つーか最初はスピーカーだと思わなかったんだけどね。だって円柱型スピーカーだよ？ 円柱の中にスピーカーがあって外側が漆喰《しっくい》で塗り固められてんだよ？ スピーカーだと思わないだろ普通。もう

妙に弱気だな。
いつものオラオラで元気な相田を見せてくれぃ！
胆石5個

ルビ振ってくれてありがとな！ スピーカー高そう！
匿名希望

一回言うよ？　漆喰だぞ？　調べたら「呼吸する素材」って書いてあったぞ？　冬場の「乾燥」や夏場の「湿気」を漆喰自体が防いでくれる効果があんだって。家の壁なんかに使うやつ。それをスピーカーにやっちゃってんだよ。呼吸するスピーカーって、なんだよそれ！

それが38万円弱。……くぅ〜！　全然欲しいね。だってすっげー音いいのよ！　音楽流してもらったんだけどさ、まずどっから音が出てんのかがわかんないのね。これが円柱型スピーカーの実力よ。表現ムズいんだけど空間から音が出てるみたいな感覚。うん、ムズいわ説明。

まあいいや。クラシックを聴かせてもらったんだけど、マジで目の前でオーケストラが演奏してる感覚ね。広島だからそん時は広島交響楽団がいたわけだけどさ。これ絶対買いなんだよ。ただBOSEの1・5倍の値段じゃん？　一回考えるよね。まだ番組冒頭だったし。

でね、ロケが進んでいって、その次は会社のショールームみたいなとこ行っ

値段にビビってる感がちょっと出過ぎちゃってますね。バレてますよ！！
ぬらり

いやマジで諦めないで！　相田さんいつもそれ！
ブンゴ

たんだけど、大小様々のスピーカーたちがずらずら並んでんのよ。その中に例の漆喰もいて、堂々と玄関正面に鎮座してるわけ。

「やっぱオマエが欲しいなー」って、ロケ中ずっと考えてた。んで、次に作ってるとこを見させてもらったんだけど、すげー少人数で手作業で作ってんの。そこで職人のこだわりとか工程を見させてもらったらさ、なんかこの会社の「商品に対する愛情」みたいなもんが伝わってきて、絶対ここのスピーカー買って帰ろーって思ったんだよね。あんなん見せられたらもう買うわと。ロケ中はほぼ頭の中スピーカーのことでパンパンにさせながら終わって、ついによ！ ついに買ったよ！「ＴＳ５５０」ってやつ！ しかも特注品のマットなブラックのモデル！ マジかっけーから！ ８万円強！

あ、38万のほうだと思ったろ？ いや買えたんだよ？ 買えたっつーか買おうと思ったんだけど、俺そのときに、初めてソファを買った時のことを思い

いまのところ、
この一文が
いちばんカッケー！
胆石5個

これは相田さんの
可愛げが出ましたね。
イカ大王

出したんだよ。まあまあ高いのを買って失敗したこと。刀鍛冶になったこと。

ここでも書いたんだけどさ、初めて買うもんはそこそこのを買って、後に自分に合った、もっと良いもん買ったほうがいいんだよ。俺学習したんだわ。

ただね、このスピーカーやばいよ？ リビングにもう早速つけてんだけどさ、マジで音いいんだ。何回も観たダイハード観て、まだ味したよ。銃撃戦とかまじやべーから。とりあえずアクション映画おさらいしたくなるね。

ん～8万で音こんないいんだったら38万いっときゃよかったかな……うん！ 買っときゃよかった！ 失敗した！ くそ！

いけないくせに、
強がり!!
ブラッディポロリー

みんな忘れてたよ！
そうだったね！
きよみ

マグロはサク買いするね。んで、「塩マグロ」でいく。大人のたしなみ。

このところのご時世もあいまって、やりたいコトがあっても、なかなか思うようにできない。思いっきり運動したいなぁって気分でさ。本来ならボルダリングにでも行って、己と向き合いながら目の前の壁を軽々と登りたいところだけど、それもなかなか難しい。

ちょっと前の話になっちゃうんだけどね、家でリングフィットアドベンチャーが俺のなかで流行ってたんだよね。

あれ楽しいよ。やってる？ ちゃんと筋肉痛になるからね。

きっと色々オッケーになってもやらないですよね。
匿名課長

大丈夫？
相談乗るわよ？
細木和子

そのゲームってのがね、アドベンチャーゲームで、自分が動くと画面内の主人公も動いて敵と闘ったりするんだけど、敵との闘い方が筋トレ。レベルを上げていくと色んなトレーニングが増えて、鍛える部位によって敵に与えるダメージとか範囲が変わってきて、カラダ全体が鍛えられる。主人公のレベルが上がるにつれて、俺の筋肉レベルも上がってくってわけよ。

え、みんな知ってるって？　まあ聞いてくれよ。楽しいことって語りたいじゃん。

ゲームだから飽きずに続けられるし、ちゃんと汗もかく。俺自身はまだまだレベルが低いからひょろひょろだけど、ゆくゆくはグラディエーターみたいなカラダになるからね？　ラッセルクロウだよ。ただ、マンションの下の階の人に足踏みとかの音が響くかもなと思って、ヨガマットを敷いて静かにやってるからか、逆に変な負荷かかってて脚ずっと筋肉痛。脚だけラッセル

お笑いのレベルも
上昇気流で
頼むな！
居酒屋バイト

出た出た！ これが
相田節やで！
りなてぃ

ムチムチやんけ！
ころ

なるかも。いや、任天堂すごいわ。そりゃ新垣結衣もハマるわ。

あと運動以外だともっぱら自炊にハマってるね。食だよねやっぱり。家にいながらにして最高の食事ができたら最強でしょ。

大したことはしてないんだけど、魚をサクで買ってきて、色々やってる。サクで買うって一目置かれるからね。カッケーよね。スーパーの店員さんも「え、あの人サクでいくんだ?」って眼差しで見てくるから。視線ビンビンに感じるからね。マグロか鯛がいいかな。サクで高確率で売ってるから。

そんな俺が今ハマってる食べ方があって、それをみんなにも一回やってほしいんだけど、マグロをね、「塩マグロ」にすんのよ。これマジおすすめだよ。フィッシュロックバンド「漁港」のリーダー・森田氏がそう言ってるから。そんで、作り方も教えてる。それをマネしてる。

出た!
店員さんから一目置かれたい症候群!
✉ くわっちょ

完全に気のせいだよっ!
✉ カムリ皮被り

誰？って思うかもだけど、この人めちゃくちゃ面白いから調べてみてくれ。浦安魚市場のマグロ・クジラ専門店で働いてて、バンドもやってる人なんだけどさ、ボーカルだからもちろん歌うじゃん？そのあとライブのステージ上でマグロ解体すんの！で、物販で鮮魚売るの！やばすぎじゃね？カッコ良!!

この人がオススメしてたマグロの食べ方が、塩マグロなんだよ。マグロ専門の人が言うんだから間違いないだろ。で、やってみたらあたりまえに美味いわけよ。サクのマグロに塩振って、10分強、放置して終わり。これが激ウマ。塩が身に染み込んでるから、醤油はつけずにワサビだけでいいからね。身がねっとりしてて、マグロの味がガツンとくるよ。詳しい作り方は森田さんが教えてるからそれを見てくれ。

とにかくこれにハマってんだよなー。やっぱ刺身はマグロだよ。そんで結

失礼だな！
桂ハゲ丸

どんなライブだよ！
行きたいよ！
丸マル

さっそく実践して悪いか！
（めちゃ美味しかったです）
ぷう

局、塩なんだな。萬田久子さんも結局塩だからね。塩をつまみに酒呑むって言ってたもん。

要するに、塩と任天堂があれば、自粛なんか乗り超えられるってことだよ。はっきり言って、余裕だよ。

有名人たちを次々と
巻き込むな！
くらげ

このページの贅沢づかい、
大人の余裕でカッケーっす！
おやぎ

まさかの相方と
特別対談

三四郎小宮が、相田の原稿にちょいツッコミ！

噂には聞いてたけどオラついてんな！

小宮、読んでくれて
ありがとね！

「成城学園とオラオラのハイブリッドだよね」

——本書の特徴のひとつが「相田周二さんのカッケー原稿に対して、ファンのみなさまからツッコミを入れてもらう」こと。が、ひとつ忘れていたのが、普段から相田さんにツッコミを入れ続けているあの人の存在でした。

そう、相方の小宮さんです。そこで小宮さんに事前にファンのツッコミ入りの原稿を読んでもらい、印象を相田さんの目の前で聞くことにしました。一体小宮さんはどう読み、何をツッコむのか。妙な緊張感が走ります。

小：相田の連載（小社・月刊モノクロにて連載中）は何度か読んだことありますよ。でもこれだけたくさん読むのは初めてだなぁ。

相：俺は読んでくれて嬉しいよ。

小：（しばらく読んで）でもやっぱ、こうやって読むと相田の文章ってオラついてんだな。もうなんかマインドがイケメンっていうかね。

相：アハハハ。

小：でもそんななかでも成城学園（出身校）感があるっていうか。品がある

のが相田らしいよ。ただオラついてる人の場合は「オンナが～」とか書くだろうけど、相田はちゃんと「女性が～」って書くもん。だから成城学園とオラオラのハイブリッドだよね。

相：まあね。俺は品があるからねー。しゃべってる感覚で書いてるだけなんだけどね。

小：しゃべり口調がそのまま文章になってるよね。番組のアンケートとかもこのテイストで書いてるとしたら、ゾッとしますけど。

相：アンケートはどうだろ。でも意識してないからこのテイストで書いてるかもね（笑）。

小：おぞましいですね（笑）。

――今回、小宮さんが原稿を読んでみて、みなさんから入ってるツッコミはどう感じましたか？

小：最初のほうは相田のオラつきにツッコんでるのが多かったですけど、最後のほうはみんな諦めてますよね。

（一同爆笑）

小：あと、普通だったらこのスペースは省くとか、段落の変え方は初めてみたみたいな、本を読むのが好きな人の

「初見だったら『それなんですか？』って思うよね」

ツッコミも多くて面白かったですね。

相：原稿って難しいんだよ（笑）。

――なかなか辛辣なツッコミもありましたね（笑）。それでは原稿をあらためて見返しながらお話していきたいのですが、どんどん見ていって、パート1の扉（23ページ）の写真はどうでしょう。こういう表情の相田さんを見ることも少ないと思いますが。

小：ああ、うん、そうですね。伊集院静さんみたいですね（笑）。「大人の流儀」みたいな。

相：（笑）。そう言ってくれると撮影頑張ったかいがあるわ。一日かけて2000枚くらい撮影したんだから。

小：でも写真についてるタイトルがコレ（俺のカッケー部屋と、カッケー暮らし。）だから、一気にダサく見えるよね（笑）。この歳でカッケーって、ねえ。言い方もうちょいあるだろ！

相：まあでも、カッケーからね。

小：そう？ うーん。でもこのパートでは24ページのツッコミとかまともだね。しっかりツッコんでる（笑）。34

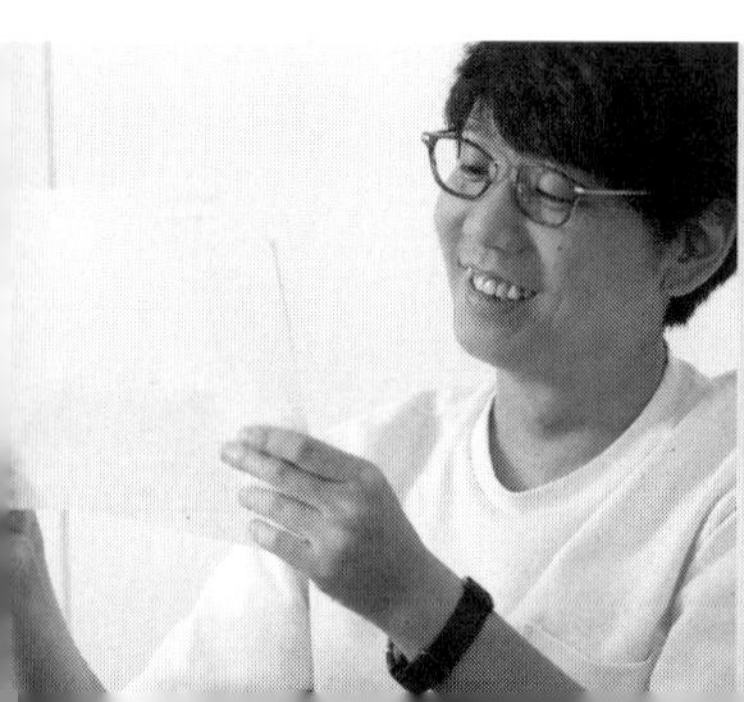

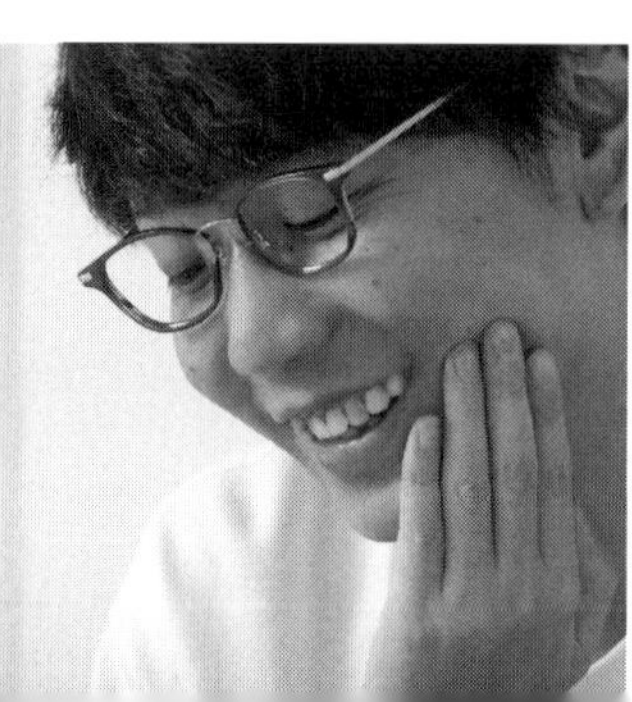

年の実家暮らしに対して「実家暮らし長いな」とか。

相：アハハハ。お前に関係ねーだろっていう気持ちもあるけどね（笑）。25ページの「今は港区に引っ越した」っていうくだりに入ってる「港区すごいって言われたいオーラ丸出し」っていうのもちょっと引っかかるし。

小：ツッコミ入れてる人は総じて貧乏だから。そしたら鼻につくでしょ。

相：そんなことないだろ（笑）。

小：あとは34ページ1行目とかさ、ところどころで「広島のＤｅａｒボス」って当たり前のように出てくるけど、みんなそこにはツッコまないんだよね（笑）。ツッコミを入れてる人が僕らのファンとか、ラジオリスナーなんだなってのがよくわかりますよ。初見だったら「いやそれなんですか？」ってツッコむよね。

相：たしかに（笑）。

小：でも読んだ中で印象的だった話はあれかな、66ページの最後で「ＹｏｕＴｕｂｅは再生回数じゃない」って言ってるくせに、75ページの4行目で「ユーチューバーとして売れた」っ

小宮が相田にちょいツッコミ

て。どういうこと？

（一同大爆笑）

相：やめてくれよ（笑）。どっちも素直な気持ちだから。再生回数で判断したくないし、でも日村さんのマネージャーさんの息子さんに褒められたら正式に売れたってことでしょ。俺は素直なんだよ！

小：とりあえず総じて言えるのは、相田は上品なオラつき男で文章が幼稚。でもファンに愛されてるな（笑）。

相：いやまとめ方、雑だわ！（笑）。

相田's RULE
Part.4

俺の仕事の流儀？まあそんなとこだね。

ルーティンに縛られるな。成功したのはキミの実力だよ。

この本を出版するのが決まったばっかりのころかな、編集担当のタテベという男から、こんな質問が飛んできたんだ。

「そういえば相田さんって、仕事のルーティンとかあったりするんですか？大事な仕事の前はこれをやる、みたいな」

ルーティンか。ルーティンね。お決まりの行動。決まった流れ。

ん〜。ないね。ないというか、もしかしたら自然とやってんのかもしれな

アメリカンジョークの始まり方！
タララ

なんか呆れ顔？真面目にやれ！
夢山

いけど、そんなん意識してないよ。

なんか、それって決めなくてよくない？ みんな決めてんの？

ルーティンを持ってる人って、そのルーティンがどんどん崩せなくなってさ、「これやって、次はこれをやって、次はこれ……じゃなかった、こっちだった」ってなった時に「やべっ！」て思うわけでしょ？ まったくヤバくないのにね。「ルーティンが崩れちゃった……なんか不吉な予感……」とか思ってない？ なんも起こんないのにさ。自分で作ったルールを破れなくなってない？ それ、自分が勝手に作ったんだよ？

あと何か物事が上手くいかなかった時にさ、それのせいにするヤツいそうじゃない？「うわ、靴を左足からじゃなくて右足から履いちゃった！」ってなって、そのせいで物事が上手くいかなかったとか思ってない？

編集のそいつに
言ってやれ！
くわっちょ

これはマジで
正論ですね。
ミーミ

自己啓発本みたい
になってきたな！
きびだんご無視

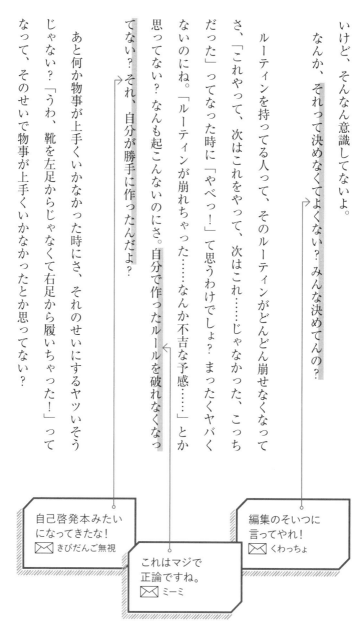

違うよ。自分のせいだから。逃げんなよ！　おい！　逃げんな！
なんかさ、ルーティンってその感覚があって嫌なんだよなー。だから俺はそーゆうのはしない。結局自分の中でやってるだけだから。

まあでも、ルーティンを決めることによる安心感ってのもあるんだろうね。「今日もこれをやったから大丈夫！」とか。御守り的なやつ。その気持ちはわからなくもない。

でも、1回それで上手くいったら終わりよ？　絶対また次もやるもん。やめられなくなってないか？　大丈夫か？　やめたくてもやめられなくなって、ついつい手、出してないか？　後戻りできなくなってないか？　やめるなら今だぞ？

うるせえんだよ！
気が散るよ！
✉ 匿名希望

これこれ！　これが
相田のイイところ！
✉ チップ３枚

違法薬物みたいな
言い方するな！
大丈夫！　ルーティンは
今のところ合法です！
✉ a☆n

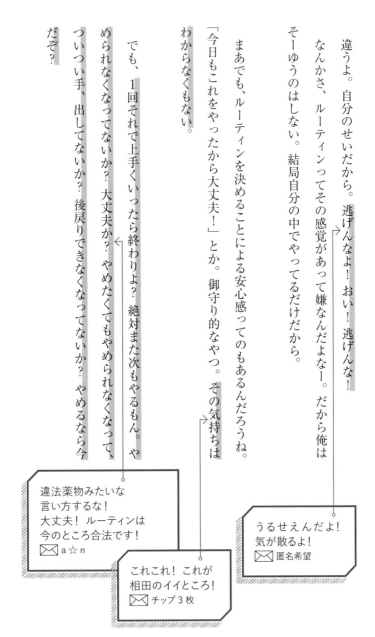

もっとさ、信用してやんなよ、自分を。

自分の普段の力以上のものは出ないよ。その困難を乗り越えられるだけの実力があったから、キミはできたんだよ。そうだろ？

とにかく、ルーティンは恐ろしいね。おれはルーティンには手出さないよ、絶対に。

でも俺、勝負パンツは一応持ってるよ。

赤の勝負パンツ。

はいてるとめちゃくちゃ安心するから、ね。

相田さんは自分を信用しすぎですが。
ヒロシ探偵

けっこうな頻度ではいてるのを見ます。
三四郎マネージャー松本

ちょっとフリが効きすぎてるぅ！
Beatleman

いやもはや依存症レベルの言い回し！
電々くん

移動時間はインプットの好機。村上龍も言ってた気がするし。

デキる男は移動時間も仕事をしていると、「プロフェッショナル」でも「トップランナー」でも誰かが言っていた。

ちなみにこのパートの原稿は、モノクロという雑誌に2年ほど前に載せたもの。時系列の前後の違和感はあしからずな？

とにかく当時、俺はこの言葉に偉く感銘を受けていた。そして広島の冠番組と毎週土日の営業で移動時間がたらふくあった俺は、そんな移動時間を有効的に過ごせないかと考えていた。結果、その時間を使ってYouTube

私も、誰かが言ってた気がします。フフフ。
✉ えみりー

言っとくか。それ仕事じゃねーだろ！
✉ カイリ

で動画を観ようと考えたわけだ。

これだけ聞くと、「それ仕事じゃねーだろ」とツッコむ人もいるだろう。しかし我々芸人にとってみれば、ＹｏｕＴｕｂｅ閲覧だって立派な仕事だ。なんせ「インプット」になる。インプット大事。たしか「カンブリア宮殿」で村上龍が感心してた気がするし、間違いない。

ただ動画を観るにはかなり大量のパケット通信量がかかる。ポケットＷｉ‐Ｆｉでも契約するかな。俺はとりあえず、渋谷のヤマダ電機へ足を運んだ。

俺はゲームも好きで、かねてから任天堂スイッチが欲しくてたまらなかった（今は持ってるよ！）。ポケットＷｉ‐Ｆｉも契約すれば、移動中にゲームもできるし、動画もスイッチの大きな画面で観れる。当時は家にＷｉ‐Ｆｉを引いていなかったので、「これは一挙両得やで」とほくそ笑んだ。我ながらあっぱれな策。自分に脱帽。これは遊びではなくインプットだ。

しーん。
大黒豆トオル

ヤマダさんへの圧倒的信頼感！
Sads

関西弁が不得意！
イバーラギ

ということで即ポケットWi-Fiを契約し、晴れて〝Wi-Fi持ち〟の仲間入りをした。至高の移動時間を手に入れ、これはココロオドル。

その数日後、移動中の新幹線で任天堂スイッチとWi-FiをつなげてYouTube（あ、これ、三種の神器だ）上映会を開始した。……最高かよ！　めちゃくちゃイイ！　こりゃいくらでも移動できるぞ！　もっと！　もっと移動時間を俺にくれ！

ところが、だ。なんだかちょいちょい動画が止まるなぁ。あ、電波が圏外になってる。トンネルだからしょうがないか……。しかし……長い……トンネルが長い……ていうかトンネルから出ても、なぜか圏外になってるし。どうなってんだポケットWi-Fiよ！　繋がれ電波！　輝いてくれ神器！

結局、最後までまともにYouTubeを観ることなく広島に着いてし

なんか
うるせぇな。
ぶん

感情をカッコでくくる高等テク!!
トーレス

疲れてるだろうに、
寝てろ!!
イバーラギ

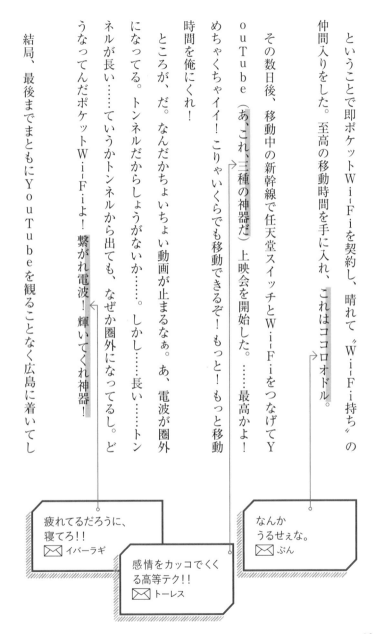

まった。理由はよくわからないが、結局、電波が弱いってことなんだろう。仕方ないのでポケットＷｉ‐Ｆｉは自宅で使うことにした。この時点で「ポケット」である必要は皆無になったわけだが。

その後は自宅でポケットＷｉ‐Ｆｉを使い動画を観ていたのだが、相変わらず動画が止まる日々だった。理由もわからず焦る俺。ところが、あるときＷｉ‐Ｆｉ本体をいじっていて見つけてしまったのだ。「高速通信モード」なるものを。これで通信は劇的に良くなった。いやもっとアピールしといてよ！

超スーパーハイパー激烈通信モードとかにしなきゃ！

その日から常に超スーパーハイパー激烈通信モードにしていたのだが、ときどき動画の再生スピードが著しく低下する。何かおかしい。携帯ショップへ行って驚いた。「通信制限がかかっている」と言うのだ。へ？　パケット使い放題じゃないの？

めちゃめちゃ
アホみたいな
考察結果！
女子校出身

たしかにわかりやすいけど
小学生みたいなネーミング。
きよみ

なんでも店員さんの話では、高速通信モードは月に7GBまでしか使えないらしく、それ以降は通信制限がかかるという。しかも通信制限がかかってからは、使い放題の通常モードに戻してもそのまま通信制限がかかるというのだ。おい、今日をいったい何日だと思ってんだよ。6日だぞ？　月初だぞ？

ギガ泥棒ってこれのこと？

Wi-Fiは使い放題だと思っていたので、毎月のスマホのパケット通信量を20GBから3GBにしていた俺は瀕死状態となった。ほどなくケータイにも通信制限がかかり、仕方なく1GBチャージ↓即死。これを10回以上繰り返した。チャージするごとに1人、また1人と夏目が消え、月の携帯料金は3万円弱。

とほほ、とはこのことだ。俺はポケットを止めた。

ご承知のとおり、いまやパルテノンだ。やっぱ世界遺産だな。

相田さんらしくない
エッジのきいた指摘。
瓶底ミルク

えっと、、、「野口」ですか？
ガチ凡ミスおざっす！
慶次

私言ったよね？
ヤマダ電機で
あいちゃんが
契約するとき、
私隣にいたから。
言ったよ？
ニッチェ近藤

タクチケは控えめに言っても最高。でも税理士に怒られんなよ。

いま現在もレギュラーを務めさせてもらってる、深夜1時からの「三四郎のオールナイトニッポン」。深夜3時からのラジオ番組「オールナイトニッポン0（ゼロ）」、通称「2部」から、5年目にして晴れて「1部」に昇格したという経緯があった。

2部は深夜3〜5時の生放送で、けっこう大変だったね。だってこれ、もう朝でしょ？　そこにきて1部は放送時間が2時間繰り上がって、深夜1〜3時。ギリ、朝ではない。これ、意外と大事だ。

あと2部から1部に上がって何がいいって、「タクシーチケット」が出る

めずらしくちゃんとした説明文に震える。
改・男塾

わかります！
ギリ、夜ですね！
キメラ

こと！　いわゆるタクチケ。タクチケ最高です。知ってます？　タクチケ。放送局がタク代を払ってくれる魔法のチケットよ？　2部のころも、朝の5時に生放送が終わって早く帰りたいから自腹でタクシーは使ってたけど、意外とかさむんですよね、タクシー代。タクチケが出ればこれがかなり浮きますからね。放送局から俺ん家までのタクシー代、おおよそ月3万円弱もらえるのと一緒です。一人暮らししてる身には、この3万はデカいんだから。

ただタクシーって想定外のことも全然起きるから、電車とかバスのほうがいいときもある。前に一度、「幕張メッセに行ってください」ってタクシーの運転手さんに伝えたのに、着いたのが「東京ビッグサイト」だったこともあったし。いや、なんで？　「ッ」しか合ってないよ？

あと上野の警察署で免許更新しようとしてタクシーに乗ったら、警察署目前の車線変更禁止の場所で運転手さんが車線変更しちゃって、パトカーに止

いまだかつて、
タクチケの魅力を
これほどまでに素直に語る
タレントがいただろうか。
否、いない。
宣教師ザビザビエルエル

やっぱり俺みたいな
素人のツッコミとは
レベルが違う、冴え渡り
まくってるツッコミですね。
大仏の髪の毛ってうんこ

められて、50代くらいのタクシー運転手さんが30代後半のお巡りさんに怒られてたこともあったな。

それを後部座席で聞いてる俺ね。どういう気持ちになればいいの？ 見てらんないのよ、オジさんがオジさんに怒られてるところ。降りますねとかいう空気じゃないし。あと運転手さんかなり動揺してて忘れちゃってたんだけど、メーター止めてなかったし。運転手さんが怒られてる間、どんどん上がっちゃってるのよ。これ、何賃？

でもそれで俺に怒られたらまたヘコむだろうから、何も言わず払ったけどさ。違反せずゴールド免許のほうがいいってことを身をもって証明してくれたのかな。

そんな想定外の出来事も起きるけど、やっぱ便利だし使っちゃうんだよな。

今や配車もアプリでできてすげー便利になっててさ、「ジャパンタクシー」ってアプリなんだけど、呼ぶ場所も地図上で指定できるし、あとどれくらいで

> それを見てるのもオジさんだし…。
> サンダース隊長

> 「ジェントル賃」ですね…。
> ぶん

> タクシーを足代わりにしてる自慢か！
> 傘立て 2km 先

到着するかもわかるし最高なんだよ。
その間に仕度をすませてればいいから、なんならシャワーも浴びれるし、もちろんカード払いだから目的地に着いて領収書もらうだけ。スマートすぎない？ これが時代の先端を行く「一人暮らしオトナ」ってもん。カッケーだろ。無理してマネすんなよ？

でもさ、1部に上がる直前の確定申告で税理士さんとこに領収書を持って行ったら、まぁー、怒られたよ。領収書のほとんどがタクシーで、「相田さんタクシー使いすぎです」って。4月からは週1でタクチケが出るんですってもちろん抵抗したよ？ でも領収書見たら全然月3万じゃきかなかったね。

オジさんがオジさんに怒られたというお話。な？ 見てらんないだろ？

真似する予定はまったくないので安心してくれ！
コーヒーの花束

税理士さん困っただろうな！
チャリ男

ワイルドだろう？
……すみません。
リーズ

大食いファイターと勘違いされても、怒らない、怒らない。

一人暮らしを始めて何年経っただろうか。

最初はちょろっと自炊もしてたが、いまや食事のほとんどが外食だ。でもやっぱ自炊は大事だし、健康面にも配慮しないといけない。だりぃ。あー母ちゃんのミートソーススパゲティが食べたいなぁ……。

そんななか、1年ほど前だったか、俺は「ウーバーイーツ」なるものに出会った。知ってる人も多いだろうが、ウーバーは、いままで頼めなかったお店のメニューでも宅配してくれるサービス。これなら店とメニューさえ選べば健康面にも配慮できるし、なにより俺は待ってるだけでいい。最高じゃねー

うだうだ言ってねーで調べろ！
✉ Pナッツ

みんな知ってるよ！
✉ ストロングレモン

か！　早速、初めての注文。めちゃくちゃお店あるじゃないの。大戸屋から
イタリアンからタイ料理。モスバーガーもある。モスバーガーってウマいん
だよな。モスライスバーガー焼肉を届けてくれてむしゃむしゃ食べれるって
ことか。最高だね。

ただそこはファースト注文だ。最初はやっぱりイタリアンがカッケーだろう。なんせあの「イルキャンティ」が入っているのだ！　イルキャンティわかる？　バカウマのイタ飯屋。俺イルキャンティのサラダドレッシングが大好きなんだわ！

注文してしばし待機。ほどなくしてインターホンが鳴る。来た来た来た来たー!!
目の前にシラスのペペロンチーノとサラダが届いたよ！　おいおい、もっと早くお前と出会いたかったよウーバー。

そっからめちゃくちゃ多用してしまっている。たまに、商品受け渡しのときにすげー顔を見てくる人とかいるし、到着予定時間がどんどんズレ込んで

最初は絶対に
ちょっとお高めで、
ほおばるのが困難な
お洒落ハンバーガーだろ！
相田さん大好き人間Ａ

俺イルキャンティ
知らないから
さっぱりだわ！
コマゴメ

生意気！　ミート
ソースであれ！
かおりん

30分くらい遅れたりすることもあったけど、まあそんなん許容範囲内だ。

で、あまりにハマりすぎて、中野でライブ出演するときに、楽屋でウーバーイーツを頼んだことがあった。

自宅以外の場所から頼むのは初めてだったが、自宅にいるときとはまた違うお店が表示されてテンションが上がる。ウーバー、上がる。マネージャーと2人で注文しようという流れになり、実店舗にも行ったことがある、カレーが美味しいお店をチョイス。メニューが豊富で迷うが、焼チーズカリー1つと海老カリー1つ、そしてパクチーサラダ2個を注文した。

ウキウキで待つこと30分、ライブハウスの楽屋口にウーバーが到着した。

「ご注文の品こちらですね」

あれ、なんかオカシイ。渡された商品を見れば、焼チーズカリーが3つで海老カリーが2つ入っている。なにがどうなってんの？　俺のことフード

田舎に住んでると
わからない感覚。僕も
ウーバーで上がりたいよっ！
✉ 亀頭師

楽屋でパクチーは迷惑！
臭ぇよ！
✉ ころ

ファイターだと思ってる？　今日大食いイベントじゃねーぞ？

さすがにまったく違う旨を説明すると、ウーバーの人も納得したようだ。「ですよね？」っつってちょっと本人も笑ってたわ。でもこれって店側が間違ってんの？　それともウーバーイーツ側が間違ってんの？　よくわかんないからどっちに文句言っていいかわかんないんだよね。

で、再度お店に確認してもらってちゃんと注文通り届けてもらって食ったら激ウマなもんだから、もう間違いとかどーでもいい。食べ物って人を幸せにする。怒りも収まる。ちなみにヤミヤミカリーってとこね。

もう3食ウーバーでもいいよってくらい便利なので多少のミスは目をつぶります。ただ、イルキャンティのサラダのドレッシングが入ってなかった時はさすがに怒りました。「俺はサラダが食べたいんじゃない。このドレッシングを飲みたいんだ」と。ポカーンとされましたけど。

母ちゃん、ひとり暮らしの俺は今ウーバーさんにお世話になってます。

お察しします！
キミカ

コラム読んでると
色々と心配になるから、
相田母の気持ちを
お察しします。
えむ

スーツを作る際、この先もずーっと「オール巨人」の刺繍を入れる。

「芸は見て盗め」って昔から言うけどさ、そもそもそれ、吉本か松竹、もしくは浅草が主戦場の芸人くらいしかできないのよな。うちの事務所マセキ芸能社だと、師匠と呼べるくらい上の方は故・内海桂子師匠しかいなかったし、その師匠に初めてお会いしたのも2年前くらいだったなぁ。

マセキはナイツさんみたいに漫才協会に入ってないと基本浅草の出番は来ないから、師匠方とは関わりないんだわ。先輩と関わることもあんまりないし、うちらの上の先輩だともう狩野さんになってくるからね。だからやすきよさんのDVD借りてきて、芸を盗むくらいしかしてこなかったんだけどさ。

めずらしい（ってか珍奇な）言い回し！
匿名希望

頼りないなっ！
サッドボーイ

昔出たネタ番組でね、西川きよしさん、オール巨人さん、NSC（吉本の養成所）の講師の方からダメ出しをもらう機会があってさ。当時、俺カーディガンを着て漫才をやってたんだよ。そしたら巨人さんに「キミ、なんでカーディガンなん？　漫才やったらスーツの方がええで？」って言われて「スカンピンなんでスーツ買えないんですよ」って返したら「ほな、俺が買うたるわ。その代わりでっかく胸に『オール巨人』って刺繍入りやで」って言われて、巨人さんの粋なボケだと思ってたわけ。

で、収録が終わって帰ってたら、携帯が鳴った。マネージャーからなのよ。「オール巨人さんからさっきお金を頂きましたよ！　このお金でスーツ買ってもいいし、買わないのであれば後輩にご飯おごるなり何に使っても構わないそうです！」って、興奮気味に言われて。

いや、スゴ！　ガチかい！ってなったけど、すぐには理解ができなくて。同じ事務所でもない若手芸人がカーディガンを着て漫才をやっていただけ

言い方、妙にカッケー！
スカンピン。
これはマジでカッケー！
✉ 川田重雄

いやガチですごすぎて、
事情がわからない私たち
でも、相田さんが動揺する
ことは簡単に想像できる。
✉ C.O.E

で、スーツを買えるだけのお金を出すって……。お金を持っているからとかそういうことじゃないんだよ。これスゴすぎないか? 漫才師ならちゃんとスーツを着てふざけた方が面白く見える。って意味なのかな。

わざわざお金をくださったわけだし、そりゃスーツ買うしかないよね。これで後輩のギャル芸人のゆーびーむ☆に寿司おごるの、意味わかんないもんね。で、すぐスーツを買いに行ってさ、オーダーメイドだからジャケットの内側に刺繍を入れられるんだけど、右側に「三四郎相田」って入れて、左側に「オール巨人」って入れさせてもらってね。まじエピソード聞かないと意味わかんないジャケット完成。で、これ年末にオール巨人さんの出番の楽屋にお邪魔させてもらって、そこで初めて御礼が言えてさ。そしたらジャケット持ってったから着た状態で一緒に写真撮ってくれてね。

で、そのあとよ!

「本当にスーツを作ってくれてありがとうなぁ。これ、ちょっと早いんや

いや絶対に
そうしてくれ!。
サブリーマン

マジで
意味不明ですよ!
でぃんご

絶対どこかに忘れないでよ! 誤解されるから!
稲庭 UDON

けど、お年玉」

そう言ってポチ袋をくれたんだよ！　なんなのあの人！　カッコ良すぎるだろ！　事務所違うよ？　会ったの2回目だよ？　理解に苦しむって！　いやまじでスゴいな！　レジェンドだな！

俺そっからスーツを何着か買ってるけど、全部ジャケットの左内側に「オール巨人」って刺繍入れてるからね。もちろんもうお金は頂いてないけど、これは一生やってくと思うわ。意味わかんないっしょ？　故・内海桂子師匠以外で、ましてや他の事務所に師匠って呼べる人なんてなかなかできないけどさ、巨人師匠とこれから呼ばせていただくよ。

憧れだね。こんな芸人になりたいっていう。生き様を見たよ。ビンビン伝わってきた。だから、芸を見て盗むとか、おこがましいよ。

ま、俺が巨人師匠から見て盗んだのは、金髪くらいだな。

なんでこんな本でジーンとさせるんだよ！　やめろ！
✉ チーズティー濃いめ

どんどんオチが上手くなってきてる！
読んでて楽しいぞ！！
✉ グラマンギッセル

ずっとオンで、ずっとオフ。そしたら、さんまさんになれるんよ。

オンとオフの切り替えって大事だよな。

仕事モードとプライベートモード。締めるとこは締めて、抜くとこ抜く。仕事を円滑に運ぶための術だよね。広島で、色々な業種の社長からトップを取るための術を学ぶ、って番組を2年くらいやらせてもらってるんだけど、やっぱ上手いこと切り替えてる人がほとんど。趣味がめちゃくちゃ多くてそれに没頭してる時間とか、家族と触れ合ってる時間とか、その人にとってのオフは様々だけど、こうゆう時間大事。切り替えれる大人、憧れるよな。まれにずっとオンの人もいるけど、これはこれで憧れる。

なんで急に「田舎の優しい婆さん」口調！？
鍋村ちゃん

「セブンルール」みたいな言い方！
くわっちょ

さんまさんとかずっとオンじゃん。オフが見えない人もいいね。

俺？ 俺はね、基本ずっとオフ。

強いて言えば、オンなのはジャケットを着るときくらいかな。あるじゃん、メガネかけてる人にとって、メガネを外したときがオフ、みたいの。それが俺にとってのジャケットかな。

それって漫才の時だよね、基本的に。だからジャケットは、あえて出番直前に着るようにしてる。出番の5分前くらいに着るかな、俺は。ずっと着てると、逆に疲れちゃうというか、気張りすぎちゃうんだよな。

M-1の時くらいかな、ずっと着てんのは。ジャケット着ると気持ちが入ると言うか、ブーストかかると言うか。まあ、「漫才師」になるんだよな。

ヒーローの「変身」と一緒。トリガー的なこと。これはもう芸人しかわかんないと思うなー。それくらい特別なもの。みんなに聞きたいね、ジャケットをいつ羽織るか。共感できる？

誰も聞いて
ないですよ！
チビっち

もっと早めに
着とけ!!
俺

気が向いたときに
羽織るよ！ うるせー！
匿名希望

わかりやすく言えば、そうだな。漫才師だとジャケットだろ？ 医者だと聴診器ね。バスガイドだと旗だし、ユーチューバーだとリングライト、ADだとウエストポーチ。こんな感じかなー。カメラマンの場合は同期を撮る時かな？ なんかそんな感じ？

すなわち俺は、ジャケットを着てるとき以外はオフってこと。でもジャケット着てる時もオンかは、わかんないな。オフっぽく漫才やってるときのほうが面白いもんね。素が出てた方が面白いからさ。

ん〜、結局ずっとオフなのかもな。オンにしたことないんじゃないかな。でもずっとオフってことは、逆にそれはずっとオンってことでもあるのかな。オフがオンになる男なのかな。悪くないなー。

そうか、ずっとオンってことは、さんまさんと同じってことか。

カメラマンだけ適当すぎだな!!
ゆいな

なんか大げさ！「つまり」とかにしといて！
ぶん

ムズイ。てつがく……哲学でしょうか？
傘立て 2km 先

なるほど。面白いね。全然違うと思ってたけど、俺は知らず知らずのうちに、自然とさんまさんになってたんだな。光栄だよ。小さいころからテレビで観てた人と同じって言われて。芸人になって、ホント良かったと思う。

うちの母親、さんまさんが大好きなんだよね。「さんま御殿」毎週観てるんだよ。

実家帰ったら伝えようと思う。

母ちゃん、俺、さんまさんになったよ。

マジで怒られてください。
ニュートー

正解です！ 相田はこのコラムを携帯で書いています。
ニッチェ近藤

謎の行間！
携帯小説か！
石渡

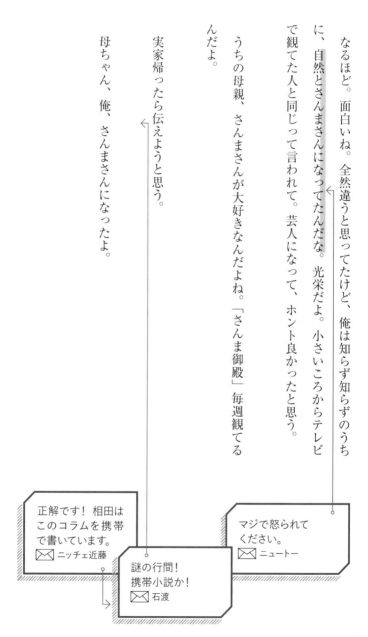

相田's RULE
Part.5

そろそろファッションの話をすっか。

迷ったら高い方を買っとけ。背筋伸びっから。自信持てっから。

「ファッションはどうでもいいや」って人って、なんか魅力的じゃないよな？　オシャレでもそうじゃなくても、なにかこだわりを持ってる人の方が俄然、魅力的だ。

よく同じ服しか持ってない人とかいるじゃん？　意味がわからないんだよなー。毎日同じ服を着てて、どういう気持ちなんだろうなー。

中には服を選ぶ時間がもったいないって考えの人もいるらしい。変なのー。あの時間が楽しいのに。ジョブズみたいに制服のつもりで着てるならまだわかるけど。自分のイメージを持ってもらいやすいように、毎日、制服のよう

まだ冒頭なんで
同意しときましょう。
✉ 大福おかわり

まさに私の旦那。言ってやってください！
✉ レイ丸

に同じ服を着るってことね。

でも言っても、ジョブズだって服にこだわってるからね。イッセイミヤケのハイネック、リーバイス501、ニューバランス991。結構シャレオツじゃない？

つーかね、服なんて、着たい服を着りゃあいいんだよ。自分がテンションあがる服着りゃいいんだよ。そんだけじゃない？ 人にどうこう言われても自分が良けりゃいい。それがオシャレかオシャレじゃないかなんて、どーでもいいよ。

万人にウケるファッションなんてないだろ。あったとしてそれは果たしてオシャレなのかなんてわかんないよね。だって、人の目ばっか気にしてる人にこだわりなんてないからね。だから感覚で着りゃいいよ。自分が好きなの着て、そんで堂々としてりゃ魅力的に見えんだから。

ジョブズについて妙に詳しくて笑った。
生き恥くん

さっきから言ってるの、どこのどいつだよ！
クソみちょゴリラ

俺らの逆ポテンシャル、ナメんなよ！
きびだんご無視

俺はね、だいたいフィーリングで服買ってんだけどさ、1個ね、「ここだけは譲れないこだわり」があるんだよねー。

あのね、ブランド名が大々的に主張してくる服は絶対買わない。まじでダサくない？　俺の感覚かなこれ。なんか下品なんだよなー。「このブランドの服着てます！」ってばら撒いてるみたいで。「わかったから！　もうあなたがそこの服着てるのはわかりましたから！　勘弁して下さい！」ってなっちゃう。

だから主張してる服は俺は着たくないんだよなー。うるせーんだよ文字が。

でもね、どーしてもの場合もあるのよ。ブランド名書いてあるやつで欲しい時もあんのよ。そん時は、ホントになるべく目立たないやつ買う。黒Tに黒プリントでブランド名とかね。ちっちゃく目立たないとこに書いてあるとか。それは俺の中ではギリセーフね。

あと色で伝えるパターンはセーフ。グッチの「緑赤緑」のラインだけでわ

「dj honda」のことを
悪くいうんじゃないよ、
このアンポンタン！
ウンデルユンデル

若干というか、
気のせいレベルかもしれないですが、最近は中学生とかでもそのぐらいの感覚を持っています。
股ドール

からせるとかはセーフ。というか逆に素晴らしい。それだけ共通認識がないと伝わんないってことだから。

やっぱカッケーよ、グッチ。中学の時に母親からグッチの財布貰ってなにも意識せず使ってたけどさ、今になって良さがわかるね。

クソ生意気な中学生だったなって思うよ。やっぱね、ダメよ、中学生でグッチとか持っちゃ。ありがたみまったくないんだから。値段もわかってねーんだから。大人になって店入って、値札見てようやく気づくんだから。良かったよ気づけて。ありがとう母ちゃん。でもおれは自分の子にはグッチは与えない。

「グッチはてめーの金で買え！」

名言出ましたね。

とにかく何でもかんでもブランドで固めちゃダメだよ？　ダッセーからそんな奴。ワンポイントがオシャレじゃない？　それか同じブランドで揃えた

なんだかそこはかとなく
ダセーよ、
その言い方！
うんてい登り棒マスター

相田さんがグッチを着てる
瞬間が記憶にないため、
ただ金を出し渋ってる奴に
しか見えないです。
ミートカーソルはヒラメ

いよな。帽子、バッグ、Tシャツ、パンツ、全部に違うブランド名がデッカく入ってるやつとか見てらんねーだろ。

まあでもそーゆう人って、やっぱり自信満々で着てるから、ある意味いいけどね。自分の金で買ってるわけで、別に誰かが文句言うことじゃないし。ただ俺はパス。

まあでもハイブランドはやっぱりものが違うからね。ただの白Tとかでも余裕で1万は超えるじゃん? だったらこんな感じの安いTシャツあるからその方がいいやとか思っちゃうけど、高いのはそれなりの理由があるからね。迷ったら高い方を買っとけ。気持ちの問題かもしれないけど、高い服買ったほうが背筋伸びっから。ワンステージ上がった気するから。それを着てもしその服が人に安く見られたとしたら、それはお前が悪い。知ったこっちゃない！ 結局お前がナメられてるだけ！ お前がその服を安くしてるからな！ 服に罪はない。俺は服を安く見られたことはないね。そーゆうことだよ。

どっちだよ!!
生き恥くん

安くていいものを教えてください、切に!!
Tバックめく郎

どゆこと?
鍵穴にピーナッツモナカ

カッケー服を見つけたら、実績を積もう。そう、「シュラスコ」でね。

けっこう前の、とある昼下がり。ふらっと入ったセレクトショップで、めちゃくちゃカッコいい「ボンバージャケット」なる商品を発見した俺。カッケーな、ボンバージャケットという名称。なになに、ブランド名は「OAMC」っていうんだ。カッケーな、ブランド名。すべてにおいて相当カッケー。買うしかない。

軽く試着してみたところ、サイズ感から着心地まですべてがドンピシャ。これはもう運命だ。俺とボンバーは出会うべくして出会ったのだ。

店員さんに軽く「ちなみにこれいくらですか?」と聞いてみたのだが、尋

> 浅いなぁと思ったけど、まあそんなもんですよね！
> ✉ 西郷

> やっぱりジョブズ、てゆーかアップル好きだな！
> ✉ 匿名希望

ねたことを後悔するお値段である「30万円です」との回答が。

いや、バッカたけぇ！　くぅー……。試着するんじゃなかった……。30万か……。どうするのよ、俺！

自問が続き、とりあえず「一回ぐるっと他のお店まわってきます」と店員さんに伝えて店から避難した。

その足でカフェに入って考える。30万……アウター……ボンバージャケット……30万……アウター……ボンバー。ずっとこのスパイラルだ。

なにげなくスマホを開いて「ＯＡＭＣ」を調べてみる。ってあれ、海外のブランド通販サイトで取り扱っているとこがあるじゃないの。しかも、「あのボンバージャケット」も売ってるし。えっと、あれ？　値段がなんと18万円！　すげー安いじゃん！　どういうこと⁉

なんでも通販特有の謎のセールが開催中らしく、「あのボンバージャケット」が18万で買えるということの状況！　通常価格よりも12万お買い得！　謎

わかりみがすごいっす。

トルティ

「ボンバー」はもう言いたいだけだろ！

長老と呼ばれてます

もう感覚バグってんだろ！

さかゆう

セールありがとう！　もう買います、絶対買います！

そのままネットショッピングを進めまくり、いよいよ決済……のところで、なぜか何度やってもクレカ決済ができなかった。理由はわからないが、クレジットカードが使えないと表示されてしまうのだ。クレカ払いがダメなら代引きにしようかとも思ったが、そもそも支払い方法には代引きがない。

仕方なくクレジット会社のサイトで確認したところ、カードを使った支払い実績がある程度ないと、高額の商品は購入できないらしいことがわかった。

実はこの時の俺は、クレジットカードを作ったばかりだったのだ。だからある程度実績を積まないと、高額な買い物はできなかった。知らなかったんだけどね。さてどうする。

じゃあ支払い実績があれば文句言われないわけね。よっしゃ！　逆にわかりやすいわ！　それならめちゃくちゃに使ってやろうじゃねぇか！　黙らせてやるよ！　腕がなり倒してるぜ！

ふらっと買い物するスタイルどうした！
ころ

一人暮らしもクレカ作りも遅めだね！
チャーシュー倍盛

誰をだよ！
チキンチキン

すぐさま後輩芸人数人を誘い高級寿司屋へ向かった。たらふくメシをご馳走し、浴びるほど酒を飲ませ、お会計はもちろんカードだ。実績、実績……そう自分に言い聞かせながら、毎晩、寿司や焼肉、鰻に天ぷらと、あらゆる飯を食いまくった。どういうわけか、シュラスコに行ったこともあった。

すべてはOAMCのボンバージャケットのため。シュラスコの先には「あのジャケット」が待っているんだ。どうだろ、もうちょっと実績は積んだほうがいいのか？　ワクワクするぜ。もうすぐ「あのボンバージャケット」がこの俺の手の中に……。

翌月、俺の元にとんでもない額の請求書が届いた。目を疑うとはこのことだ。はっきりいって、30万が可愛く思える額。ぼったくりでもなんでもなく、請求されているお店、金額、そのすべてが正確に記憶に残った状態でのこの請求書。怖すぎる。

俺は18万円のボンバージャケットを購入するためにこんなにもカードを

普通に笑ってしまって悔しい。
ソイソース

漂う「悟空感」にワクワクすっぞ。
長老と呼ばれてます

もう「ジャケット」で統一してくれ！
いじちき

使って実績を積んだのか。いっそのこと30万円をキャッシュで支払えば良かった。ていうか実績ってなに?

これだけ散財したのだから、カードの実績は積めただろう。だが、ボンバージャケットを購入する意欲は、もう残っていなかった。

ただ、どうしてだっけな。モンクレールのダウンは買ったよ。30万でね。

これはもう
この世の真理です。
匿名希望

もうストレス解消
するための買い物
になってる!
白湯うどん

買い物って、俺とデザイナーの真剣勝負なんだよね。

俺はね、おんなじ服は買わないんだわ。

「この服、前に買って良かったからもう1回買おう！」とかはしない。だってさ、もうそれはすでに一度経験してるじゃん？　これまでに経験してないことを体験したいんだよ、俺はさ。じゃないと着てて楽しくないからね。そうでしょ？　俺はさ、服にワクワクさせてほしいんだよ。

今はね、ワクワクさせてくれるブランドが正直いっぱいあるんだけど、結構購入しちゃってるブランドはね、「Graphpaper」でしょ、あとは「kolor」に、

不覚にも、なかなかカッケーっす。
斑鳩

ドン小西のテンションだな！
なつき

「コムデギャルソン」とかだなー。このへんのブランドはお店に入ったらだいたい買っちゃう。

買い物ってさ、俺とデザイナーとの勝負だと思ってるのね。購入しちゃうってことはデザイナーの勝ちなんだよね。購入しないで俺が店から出た時は、俺の勝ち。でもね、このブランドが入ってるお店に行くと俺は負け続きなんだよ。購入しちゃうんだよなー。

激強よこの3つ。3強。すぐ購入しちゃうもん。店に入って1分で惹きつけられる。俺が惹きつけられるのはね、「ありそうでない」服。シンプルなんだけどどっかでエッジがきいてる服。これなかなか見つかんないんだよ。だからあんま言いたくないんだよ本当は。バレるから。言うけどさ。

最近はラジオでも言ったんだけど、「kolor」で秋冬用のコート買ったね。マジでお気に入りです。早く寒くなれと思うわ。この本が発売されるころには、ちょっと前倒しで着てるかもしんねーわ。

すごいシンプルで
申し訳ないのですが、
う る せ ー な！！！！！
ディマリア

急な敬語は結婚の挨拶のときに彼女の親に出るヤツ！
きよみ

俺ね、ファッションでいうと靴も好きなんだよね。そもそも高校生のころくらいから「ミハラヤスヒロ」が好きでさ。靴を独学で学んだ人なんだけどね、〝炙り出し〟って製法がすごく有名なブランドで、その炙り出しの靴を買うためにバイトとか、お年玉を貯めて買ってたんだよ。

でもさ、やっぱ値段が当時の俺には高くてなかなか手が出なかったんだけど、やっと買った革靴をさ、嬉しすぎて毎日履いてたらさ、台風の日に豪雨で靴の中びっちょびちょにしちゃって1カ月でダメになったんだよね。

そっからなかなか勇気出なくて。お金もないし買えなかったんだけど、4年前くらいからかな？ ちょくちょくまた行くようになったんだよ。

で、当時と同じ、炙り出しの靴を買おうとしたら、店長が俺のことを認識してくれてて！ ラジオも聴いてるって言ってくれてさ。こんなエモいことあるか？ 激エモ。めちゃくちゃ嬉しかったよ。

でね、同い年らしくて色々話してたらさ、急によ？「相田さん今度旅行行

これはもう職人側の
発言なんよ。
ミートカーソルはヒラメ

エモいかエモくないかは
おいといて、
相田さんって思ってたより
人気があるんですね！
栗御飯の使い手

きましょうよ！」って言われたんだよ。すごくない？　普通メシじゃない⁉　行くけどさ！　詰め方エグくない？　激エグ。まあここを入れて4強かな。

あ、思い出した。「Hender Scheme」も強いわ。5強でした。ここの靴もやっばいよ。めちゃくちゃカッケー！　ハナコの菊田も好きだからねここ。説得力あるだろ？

そうだ。「FilMelange」もいいんだよなー。すげー素材にこだわった服。俺の中高の親友も働いてんだわ。しかもそれわかったの、俺がテレビにここの服（私服）を着て出た時ね。そいつからラインが来たの。すごくない？「くりぃむナンチャラ」の時だったかな。エモい？　エモいよな？　たまたま好きなブランドで親友が働いてることなんてないだろ。な？　だからいっつもファミリーセール招待してくれて、そこで大量に注文しちゃう。

6強だな。俺はこの服たちのおかげで毎日楽しいんだよ。負け続けるのはこの楽しさの為なんだよな。

行くんかい！　同じだけ距離詰めようとしてるじゃん。
なんの変哲もない

こだわりのある大人になりたいものです。
匿名希望

僕の親友が日高屋で働いてるのはこれと同じ例ですか？
タイルマン

自分が着たい色を纏え。見るだけじゃなく、纏うのが大事。

ファッションについてこの本の担当編集者と話してたんだけどさ、なんか妙なことを口走ってて。

「僕、派手な服とか似合わないんですよね。周りからヘンって言われるし」

ふう。まだそこ？　アンタ、まだそこにいるんだ。まあいいや、とにかく聞いてよ。

まず、似合ってる似合ってないなんて気にする必要がないよね。ていうか何を見てそう判断してるの？　性格？　見た目なのか？　そもそもそれを判断し

話してんじゃゃ
ねーよ！
ピヨ美

コラムでため息つく人
初めてみました。
囚われのそら豆

ているのは他者だろ？ で、そんな他者からの見られ方だけで自分の服装が変わるって、すごくつまんねーなと思う。ステレオタイプ人間だよ。

まあどうしても気になるんだったら、今は「パーソナルカラー」なんてのもある。ん？ パーソナルカラーってなんだ？ 調べてみよ。

曰くパーソナルカラーとは、「その人の生まれ持った色（髪・瞳・肌）と雰囲気が調和する色（＝似合う色）のことです。人それぞれ個性が違うように、似合う色もそれぞれ違います」だって。

知らん。自分が着たい色を纏わせろ。似合う似合わないなんて人から決められたくないね。自分が着てみて自分で判断するんだよ。どんどん着てみ？普段手にしないような色とか形とか着たら、意外と自分的にしっくりくる服が見つかるから。見ただけじゃわかんないよ。想像しただけじゃわかんないよ。着てみるんだよ。

いや怪人みたいに言わないでよ！
ヘブドラ

引用で字数を稼ぐんじゃないよ！
くわっちょ

あんたもう、めちゃくちゃだよ！
石毛のことを悪くいうヤツは許さん

たとえばベージュのTシャツを買ったはいいけど、実際に俺が着たら完全肌着になったりすることもあるわけ。

それ単体で見るとめちゃくちゃいいんだよ。頭の中でも似合ってる俺がいるの。でもいざ着たら、100歳オーバーのお爺ちゃんなんだよ。

でもこれは着てみてようやくわかることだからね。行動しないと始まらないんだよ。あ、着てみてもねぇやつが笑うなよ？　着てからものを言え。

どうしても似合う服がないんだよなーとか自分で思ってる人がいたらさ、髪、染めてみ？

なんか見つかるかもしんねーよ？　髪染めることによって自分の見え方絶対変わるからさ。そしたら見えなかった角度からまた新しい自分が見えてくるかもよ？　パーソナルカラーってやつも変わるんでしょ、どうせ。知らな

見積もりが甘すぎたのでは……。

サイエンス太郎

危機察知能力の高さが光る一文。

Summer,love

ん？　自己啓発本でもなかなかない思い切りの良さ！

ちぶさ

いけど。

髪を染めたら何がいいって、なんか前向きになれっかもよ。自分じゃないい自分というか、やってこなかったことがやれるようになるというか。

俺なんて今、金髪かましてるから、無敵だよ。「ココどんな人が買いに来るの？」ってくらい前衛的な服しか置いてないショップも、軽く行けっからね？　あと初めて入ったお店で、メンズを見てたつもりが、なんかいつの間にかレディースのエリアだった時とか焦るだろ？　でも俺、今、余裕だから。金髪無敵だから。何も間違っていませんヅラするからね。

明らかにレディースの小物入れとかでも、あえて手に取ってみるよ。店員さんも「レディースを視野に入れてるオシャレ上級者？」な目線で見てくるから。

結局人なんて、ガワでしか見てねーんだから。ガワを変えれば見方も変わっ

頼むから断定してくれ！
「かもよ」
じゃないのよ！！
✉ ボーイズオンザパン

「志茂田景樹に負けず劣らずの女装者？」の間違いな！
✉ ヒロシ探偵

てくんだよ。だろ？　そんなやつの意見なんて参考にしたってつまんねーのよ。だから似合ってる似合ってないなんか、耳を傾ける必要がないって言ってんの。

いやそんなに怒らないでよ！ ちゃんと聞いてるから！
きよみ

まあでも、似合ってるって意見は聞いてもいいか。似合ってるに越したことないもんね。自分も似合ってると思ってて、なおかつ人からも似合ってるって思われたら最高じゃん。そんな服を見つけられればいいよなー。まあムズいんだけどね。

簡単に見つけるには……まずはパーソナルカラー調べりゃいいんじゃない？　参考にするのは全然ありだよ。俺も一応調べてるし。現に当たってんだよねー。その色の服ばっか買っちゃうもんね。

いや、相田も一応調べてんのかい！ めちゃめちゃ他者からの見られ方を意識してんじゃん！
バリーポン酢

相田's RULE
Part.6

カッケー仲間に囲まれてんだわ、俺。

本当の意味でのホットクックは、母ちゃんの飯である。

自炊めんどくせーな。前にウーバーイーツにハマってた時も同じことを書いたが、本当にめんどくさい。丁度良い分量がわかんねーんだわ。間違って多めに作っちゃったら3食そのメニューになるし。かと言ってアレンジ加えられるほど料理も上手くないし。でもウーバーイーツだいぶ飽きてきちゃったんだよなー……。

あと、配達員が不足してる時、なんであんなに配達料高くなるの？　牛丼1個頼んだだけで配達料980円取られる時あるよ？　牛丼3つは食べれる値段よ？

話の入り、
マシンガンズかよ！
匿名希望

これ読んで牛丼
ガチで食いに行った僕です。食べたくなっちゃって。
いしし

つーことで、やっぱ自炊もたまにはしなきゃなって思ってきた俺。そんなときに見つけてしまったのだ。「ホットクック」を。

知らない？　シャープから出てる、水なしで調理ができる優れものよ？　番組のスタッフさんにゴリ押しされて、騙されたと思って買ってみたんだよ。最新版じゃなくて1つ前の型で、3万5千円くらい。いや、全然優しくはない値段なんだけどさぁ。

まあ、焦らず聞いてくれ。あのさ、鍋に玉ねぎ入れるじゃん？　ニンジン入れるじゃん？　ジャガイモ入れるじゃん？　トマト入れるじゃん？　固形のカレーのルーのせるじゃん？　フタ閉めるじゃん？　スイッチ押すじゃん？　30分後な、カレーできてんの（笑）。こんなことってあるかね？　スゴすぎるよ！

しかも、トマトの水分しか使ってない（その他に水を入れない）から、味も凝縮されちゃってて、めちゃくちゃウマい！　だし、でき上がるまでほっ

また倒置法！　そろそろ「順当法」でいけ！　順当法ってなんだ！
鳥人

お前が焦るな！
ミーミ

シャープのすげー技術を一笑に伏すな！
便箋とプライスレス

とくだけ。ほっとくだけ？　ほっとく……ほっとくっ……ホットクック！　なるほど！　くだらねー！

まあ名前の由来はともかく、とりあえず機能的には圧巻で、ボタン1つで勝手に調理してくれるし、温め直しもできる。カレーなんか温め直すたびにより美味しくなっちゃうもんだから、何回も温め直してるわ。

でさ、こんなのがあるとやっぱり色々と作ってみたくなっちゃうわけよ。豚バラ大根でしょ。白菜のクリーム煮でしょ。ポトフ、ロールキャベツ……。全部ウマい！　材料を入れてボタン押すだけでめちゃめちゃウマいの食べれちゃう！

あ、材料は切れよ？　そこまで甘えんな。あ、ロールもしてな？　ロールした段階で鍋入れてくれよー。さすがのシャープ様でも自動ロールはまだ無理だからな？

なんだか再び、ポシュレ感が出てきてるよ！
クワガタロス

すごいけどロールは無理かな。。。
てぃーぼ

やっぱり。でも今さら兄貴感は不要！
てぃーぼ

ボタンを押してからは、メニューによってだけど、だいたい30～60分くらい待つ。ただ待つだけ。テレビでも観てればいいの。20分もすればキッチンから、なんだかいい匂いがしてくんのよ。

これね、マジで実家感エグいから。母ちゃんがメシ作ってくれてんのをリビングで待ってる感じ。超ノスタルジー。エモい。合ってるよね？

専用のメニュー表が同梱されててそっからメニューを選ぶんだけどさ、そこに「ちゃんぽん」って書いてあったんだよ！　麺もイケちゃうの⁉　伸びないの⁉　俺リンガーハットめちゃくちゃ好きなんだよ！　やるしかないっしょ！

ってことでやってみたんだよ。まず豚肉入れるじゃん？　キャベツとニンジンと玉ねぎ入れるじゃん？　で、ここに麺入れるじゃん？　フタするじゃん？　ボタン押すじゃん？　キッチンからいい匂いしてくるじゃん？　でき上がるじゃん？　食べてみるじゃん？

相田さんのレコメンドってマジで欲しくなるから、俺たちはそこを買ってるのよ。
✉ サイバー爺さん

なんだか嫌な予感がするのは私だけでしょうか…。
✉ きよみ

うん！　めちゃくちゃまずいじゃん！　麺伸びまくってんじゃねーか！　予想どおりだよチクショー!!　レシピに入れるな！　どーなってんだよ……。ただね、スープはめちゃくちゃウマいよ。でも麺は別にして茹でるべきだね。

とまあ、色々やってみたけど、麺類くらいしか失敗はないし、予約セットもできるから、仕事に行く前にセットして、帰ってきてできたての料理が食べれるってことで、もうマジで母ちゃんなのよ。ものっすごい、母ちゃんなのよ！

今日も俺は、帰ったらホットクックに向かって「ただいま」と言って夕飯を食べるよ。夕飯作って待っててくれるのってやっぱひとり暮らしだと憧れるよな。

さて、今日のうちの夕飯何かな。カレーだよな。セットしてきたし。

いやそんなん
やめといてくれ！
香川としはる

よっぽどお母様が
恋しいのですね。
囚われのそら豆

だよな！
オチが明確で◎
インリン前輪

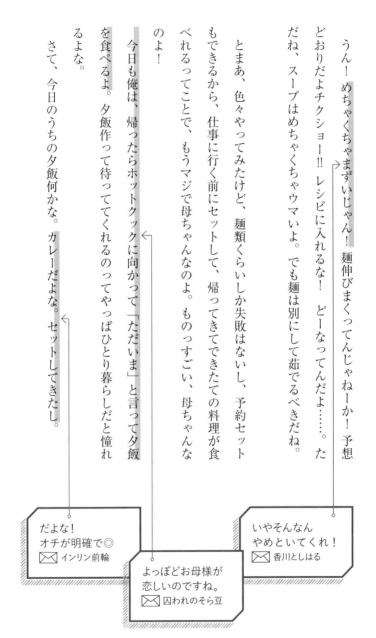

カッケー人間になれば、まわりもカッケーやつばかり集まる。

俺の思うカッケー人間って、好奇心がハンパない人だわ。なんでもやろうと思ったことをすぐ実行する人。好きなこと、新しいことをやってる人。これ、簡単なようで難しい。自分の今の環境とか、なにかと理由をつけてやらない人がほとんどだからね。

でも誰でもやろうと思えばできると思うんだよな。色々やった方が見たことない光景、交わったことない人たちと関われる。その一歩を踏み出すかどうかでその人の魅力って変わってくるんだと思う。結局な、カッケー奴の周りにはカッケー奴が集まんだよ。でね、自然とその人は周りに愛されてんね。

「です」であれ！
なんかキモ！
くわっちょ

この章の見出しを
ここで使って
この後どうする！
D.V.O.D

俺はそう思う。俺は人脈にはかなり恵まれてる。俺のまわりにはカッケー奴がたくさんいるんだわ。

まず小宮か。この人がいなかったら俺は芸人になってない。この人がお笑いをやろうと思ってくれて、なおかつ俺を選んでくれたから今がある。

今思えばかなりの勇気だったと思う。学生時代に先が見えない場所に飛び込んでくうえで俺を選ぶなんて、考えられないよ。大したもんだ。そんでよく16年も相方でいさせてくれてるもんだ。ありがとう。

あとはニッチェ。ずっと互いに応援し続けてきた同期。出会った時からすでに売れてたニッチェを追いかけてうちらも頑張ってきた。時にアドバイスをくれたり、引っ張ってもらったり、そして近藤は俺に20万貸してくれたこともある。この2人はほんとにカッケー。

そして千鳥さんね。コンビ名を漢字にしようと思ったのはこの人たちの影

普段、面と向かって言わないことを書籍というカッケー手を使って伝えるのやめて。まんまとエモいって思ってしまう！
✉ なんの変哲もない

いやこの辺はさすがに泣いちゃうよ！
✉ いかり肩太郎

急に生々しい話！
✉ 便箋とプライスレス

響もある。のちに一緒に番組ができた時は本当に感慨深いものがあったし、打ち上げで千鳥さんに、「コンビ名の漢字は千鳥さんの影響もありました」って話した時の、恥ずかしそうにしながら芋焼酎ソーダ割を飲んだ大悟さんの姿は忘れられない。プライベートでもノブさんにはお世話になってるし、頼りがいのあるカッケー先輩だ。

そんで後輩。色々いすぎて書き切れないが、特にゾフィー上田、ラブレターズ塚本、インディアンス田渕、ゆーびーむ☆はその中でも世話になってるし、後輩だけど尊敬できるカッケーやつら。ニッチェ近藤に世話になったから、俺もゆーびーむ☆に20万貸したこともあったな。売れてから返して欲しかったけど、「確定申告の還付金が戻ってきたんで返します」って想定外の返され方したけども。

あとは仕事で一緒になるスタッフの方々。ありがてーよ、俺みたいなのと仲良くしてくれて。

大悟さんに比べてやや浅めの記述！
笹食べる?

語尾に「です」か「だわ」を頼むわ！
くわっちょ

ずいぶんさらっとだな！
ハムマヨ

で、母親ね。女手一つで育ててくれて、大学まで行かせてくれたうえで芸人になることを反対せず、コンビ名まで一緒に考えてくれてさ。頭上がりません。スーパーカッケーすわ。ただアナタが考えたコンビ名「アンポンタンはどう?」って言われた時は、さすがに無視しましたね。

つーことで俺の周りにはこんなにカッケー人間が山ほどいるわけよ。てことは理屈でいくと、俺もカッケー人間なんだよな。はたしてカッケー人間になれてるかはわかんねーけど。そもそもカッケー人間って自分で思ってるやつはカッケくねーからこれでいいんだと思う。でも、俺はまだまだやりたいことやるし、好きなことずっとやるよ。ずっとカッケー人間であり続けたいから。お前らもそうだろ? なかなかなれるもんじゃないじゃん、カッケー人間って? まずは自分の周りにいるカッケー人間を見つけてその人と仲良くなればいいんじゃないか? その周りにはカッケー人間が必ずいるから。

これしかないっしょ。やるしかねーしょ。

これはこれで
アリな気もしてきたよ!
✉ タムラ

しばらくいい話が続いてたのに、ここで現実に引き戻されました。これが「蛇足」というものでしょうか。
辞書にこの例文載せとけ!
✉ タリラリラ青山

理想の家族を想像してみたら思ったより身近な幸せが見つかった。

自分の未来のビジョンってあるか？ 先のことはわかんないけどなんとなくこうなってたら最高みたいな、漠然としたものってあるだろ？

俺はね、閑静な住宅街に一戸建てを建ててそこで家族と住みたいね。閑静であればあるほどいいよ。川の近くがいいかな。散歩もできるし。目黒の隅の方かな？ 東京じゃなくてもいいかな。

春には桜とか咲いててね、そこを家族で歩くんだ。奥さんと子ども2人かな？ あとゴールデンレトリバー並みのでっかいイヌとちっちゃいネコで散歩ね。

道徳の教科書感ちょっとあるよ！
諫早鉄道

あの種類豊富なウーバーにも飽きちゃう人なので黙って東京にしましょう。
ドッテン大豆

子どものうち1人は、もう自分で歩けるくらいの年齢。俺の手が空いてないから、俺が着てるカーディガンにしっかりつかまってる。で、俺はもう片方の手でゴールデンレトリバー並みのでっかいイヌのリードを持ってる。

ゴールデンレトリバー並みのイヌは散歩が好きで、少し前を歩いてるから子どもが引っ張られて、自ずと俺のカーディガンが伸びる。高い服だから引っ張るなとは言いつつ、俺の表情は緩むよな。

もう1人の子どもは俺が肩車してるよ。いちおうベビーカーは押してるけど、中には子どもじゃなくて代わりにネコが快適に陣取ってて、奥さんはそのベビーカーを押しながら、俺の顔と肩車されている子どもの顔とを交互に見て微笑んでる。

夏は一戸建ての庭にプールを出して、そこに子どもと一緒に入る。上の子は余裕で入れるんだけど、下の子はビビリで顔に水がかかるたびに手で拭くわけ。ゴールデンレトリバー並みのイヌがプールの中ではしゃぐたびに、下

いやラノベ並みの
情景描写！
サチウス

「ゴールデンレトリバー並」
って何回言うんだよ！
もうゴールデンレトリバー
飼えや！
クソみちょゴリラ

の子の顔に水しぶきがかかるから、拭くスピードがおっつかなくて、いよいよ泣き始めるよね。何かあったのって奥さんが見に来るけど、その光景を理解して微笑んで、お昼ご飯の準備に戻る。

でっかいガラスのボウルに氷が入ってるから今日は素麺かな? 俺はそう思いながら子どもとゴールデンレトリバー並みのイヌの様子を見てる。するとと窓際にいたネコと目が合うね。「ワタシもプール入れてよ!」とでも言ってるのかな? 水嫌いなくせにと思いながら俺は視線を外す。

ご飯できたわよーと奥さんの声が聞こえて、一斉に皆でプールから出て食卓を囲む。少し遅れてイヌがびしょびしょのまま入ってきて、奥さんに怒られる。それをネコが「怒られてやんの」とでも言いたそうな眼差しで眺める。オマエにもご飯あげなきゃなと、俺はキッチンへ向かう。そこで気づいた。今日は素麺じゃなくてざるうどんだったか……。

みたいなのやりたいんだよ。

いやお前が作れよ!
✉ 宇賀ちゃん親衛隊

こんな表現もできるんですね。よっ、文豪!
✉ 三四郎マネージャー松本

やんなくていいよ!
✉ メントスマニア

秋はみんなで梨食って、冬は暖炉でホットココア。最高じゃない？

奥さんはできれば料理上手な人がいいね。料理上手な内田有紀がいいな。

内田有紀のショートカット正義すぎない？　俺、吉岡秀隆さんに似てるって言われたことあるから、なくはないと思うんだよ。秀隆めざそっかな。

でね、休日の昼に、たまに俺がなんかご飯を作るんだ。

ガーリックライスかな？　これはね、俺の父親がよく作ってくれたやつ。

めっちゃくちゃ美味かった記憶がある、かつお節が入ったガーリックライス。

激ウマ。これしか記憶ねーけど。

あ、あと父親はゲームも好きだったわ。

ガチで言うことなしの幸せ具合です。
✉ イバーラギ

絶対に離婚だけはしないでくれよ？
✉ 匿名希望

妙な行間、エモすぎるからやめて！
✉ ちゅうちゃん

よく一緒にやってたわ。メガドライブ。俺、ゲーム好きの遺伝子受け継いでるんだな。

あとは週一でトラフグの「てっさ」買ってきてたな。美味いもん好きなのも受け継いでるね。

俺、これ書いてて思ったんだけどさ……。俺の理想の家庭のビジョンって子どもの頃のウチと似てるわ！　そーゆうもんなのかな⁉　知らないうちにめざしてるもん？　父ちゃんといえば休日のガーリックライスで、兄ちゃんと俺で子どもは2人だし。俺あんま泳げないからプール好きじゃないし、母ちゃんショートカットだし。俺が生まれる前にイヌ飼ってたみたいだし、下町だったから、まわりに野良猫多かったたし！

無意識に自分の幼少期の家庭が理想になってた。みんなどう思う？

再生回数が伸びないゲーム実況の件ね！
✉ 匿名希望

相田さん、俺無関係だけど、なんか泣きそう。
✉ 高山三四郎

特に、思うところはないですよ！
✉ チートス

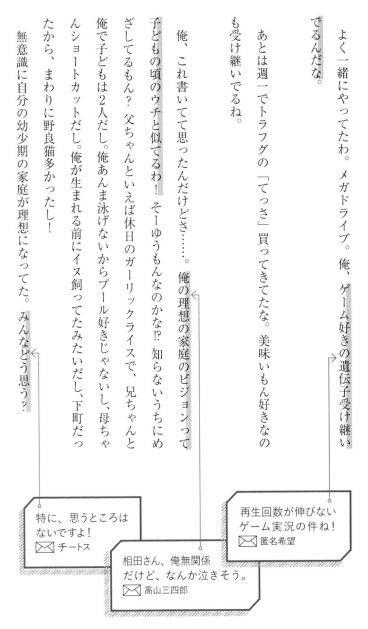

あとがき。愛を込めて。

俺が思う「カッケー」がところせましと詰まった本、いかがでしたでしょうか？

はじめは出版の仕方に疑問しか持ってなかったけど、振り返るとこの形で本を出せたのは良かったのかもしれないな。一回本文はＳＮＳで公開されてるけど、ツッコミを募集したことによってまた違う視点から楽しめるし、初めて本文を見た人は、普通に読むのとツッコミありで読むのとで何回も文章を楽しめるし。意外とこの手法ありなのかもしれない。さすがアメリカで主流なスタイルなだけあるわ。

何はともあれ、俺はこれで著者になったということだね。カッケーね、著者。響き良すぎ。

著者・相田周二。一人称を「著者」にしよっかな。

でも本を出すのってこんな大変なんだな。

著者は3日に1テーマくらいのペースで書いてたよ? マジで途中から、何が面白いのかわかんなくなるパラドックス入ったよ。2回ホテルの部屋に篭って原稿書いてたし。もう文豪だよ。川端康成だよ。文豪憧れあるからさ、やってみたくなってやったら意外と集中できていいね。今度から集中しなきゃな時は、ちょいちょいホテル篭ろうかな。本当はホテルじゃなくて旅館がいいけどね。旅館で「やすなる」のが一番カッケーじゃん。

でもホント、ご褒美がないと頭おかしくなりそうで、1テーマ書く度にマッサージ行ったり、洋服買いに行ったりしてたから、たぶん来月のカードの請求詰んだわ。でも著者になれたからそれもいい思い出だな。

貴重な体験もできたしね。多分本書くってなんなかったら、ノリさんと対談出来なかったと思うわ。こころよく応じてくれたノリさんにも感謝だね。

やっぱカッケーよ。ずっと憧れの人だわ。夢見たいな時間すぎだから、対談で何話したかほとんど覚えてないけど、唯一覚えてるのは俺の父親の話になったとき。

あん時のノリさんが目を輝かしてたのは覚えてる。

結局対談で聞こうとしてた話を聞けるのもタメになるし、あたりまえに楽しいんだけどさ、そっから話がそれて盛り上がったときが1番、ノリさんも楽しそうで俺も楽しい、その感じが俺は最高に好きで、それを小さいころから憧れていた人と今一緒に感じてるんだなと思ったら感慨深すぎたわ。

本当至極な時間でした。またすぐお会いしたいね。

そんなことを思わせるカッケー人間に、俺はなりたいんだよな。

でも、この本を出したことによって色々な経験させてもらって、自分自身のことも振り返ってみたりもできて、俺はまたひとつ、カッケー人間に近づいたわけだ。

それはこの本を通じて関わっていただいたすべての方々のおかげです。

感謝だね。本当にありがとうございました。

また機会があれば著者になりたいもんだね。
今回よりもっとゆっくりしたペースの方がいいかもだけど。

さて、次は何しようかな。

やること多いからさ、カッケー人間って大変なんだよ。
まあみんな見ててよ。

頼むな?

STAFF
カバー・本文デザイン／ STILTS
本文デザイン／盛田尚弘（PRHOUSE）
撮影／熊坂 勉（fort）
イラスト／サレンダー橋本
校正／吉田佐知江、大槻 淳
マネージャー／松本 栞（マセキ芸能社）
※本書は晋遊舎「月刊 MONOQLO」筆者連載記事に大幅かつ大胆で
エグゼクティブな追加、加筆を施した作品となります。あらかじめご了承ください。

サマ

2020年11月11日　初版第1刷発行

著　者　相田周二（三四郎）
発行人　武田義尊
編　集　建部 博
発行所　株式会社晋遊舎
〒101-0051　東京都千代田区神田神保町1-12
営業 03-3518-6861
印刷所　共同印刷株式会社

ISBN 978-4-8018-1516-2